ANIGMA 14
双書エニグマ
irifuji motoyoshi

時間と絶対と相対と

運命論から何を読み取るべきか

入不二基義

Time, Absoluteness, and Relativity

What should we extract from Fatalism?

keiso shobo

まえがき

ここ数年の間に考えてきたことを、一冊にまとめることができた。個人的には、『相対主義の極北』(春秋社)と『時間は実在するか』(講談社)の続編のつもりである。両書で考察した相対主義論と時間論を合流させ、多くの人たちと議論を交わし、新たに考え直し記述し直すことによって、少しだけ先へ進むことができた。その結果たどり着いたのが、「運命」という問題場面である。そういうわけで、最終章では「運命論」を扱っている。

＊

この数年間は、山口大学から青山学院大学に異動した時期と重なっている。十年ぶりに東京に戻ってきて、生活スタイルは大きく変わった。山口では広い土地に和風の平屋の家だったのが、東京では狭い土地に洋風の三階建ての家になり、山口大学前通りが、青山通りや表参道に変わった。

青山通りを挟んで、大学の向かいには「こどもの城」がある。大学正門から見つめるたびに、妙な感じがする。十五年ほど前、まだ大学に勤める前のオーバードクターの頃に、まだ幼かった息子たちを連れて、私はよく「こどもの城」に遊びに行った。息子たちのお気に入りは、ボールのプールや木製のアスレチックだった。私自身も、「ウルトラQ」など昔のテレビ番組を観ることのできるビデオライブラリーを、よく利用した。

当然、「こどもの城」側からは青山学院大学の正門が見えるし、見ていたはずである。これから大学に職を得ようと考えている研究者の卵だったのだから、向こう側に見える大学に興味を示してもいいはずである。しかし、当時の私は、通りの向こうの大学を、目にはしていても、関心を持って見たことは一度もなかった。もちろん、青山通りを渡ってキャンパス内を散策することなど、考えてみることもなかったし、自分が将来そこに勤める可能性を想像してみるということも、まったくなかった。自分とは特に関係のない場所として、通りの向こうにただあっただけなのである。

それなのに今は、その大学側から「こどもの城」を眺めている。あの時には、想像の範囲にすら登場しなかった視線によって、その「あの時」のことを振り返っている。過去は、その過去の時点ではまったく考えもしなかった仕方で、未来の方から包み込まれてしまう。過去に形が与えられるのは、未来の側からだけなのである。そういう意味では、過去は未来にけっして敵わない。

しかし、今の視線によって包み込まれた「あの時」は、もう「あの時」それ自体ではない。そのように包み込まれることとは無縁であることが、「あの時」がまさに「あの時」である所以《ゆえん》なのだから。私と息子たちは、ただ単に「こどもの城」で遊んでいたのであって、「将来の職場の向かい側」で遊んでいたわけではないし、「こどもの城」が楽しかったのは、ただ単にそうだっただけで、楽しかったこととして振り返られるためにではない。未来と関係してしまうと、未来とは無縁だった過去は取り逃してしまう。そういう意味では、未来は過去にけっして敵わない。

過去と未来は、繋がるしかないが決定的なところでは繋がりえない。そういう関係と無関係の交錯が、時間というものを貫いている。私の感じた「妙な感じ」は、この時間のあり方から来る眩暈《めまい》のようなものである。本書の全体が、この「関係と無関係」という問題を追究している（もちろん、「関係」が「相対」に、「無関係」が「絶対」に対応している）。

*

「やはり東京で暮らす方がいいですか」と、山口から戻ってきてから、何度も聞かれた。相手に応じて答えてはいたが、よく考えると答えられなくなって、困惑する。現に東京にいるならば、もちろん山口にはいない。そうすると、両者を対等に並べて比較することができない。現実には東京にいるわけだから、もし仮にそのまま山口で暮らしているとしたらという反実仮想をして、現実の東京生活と反実仮想の山口生活を比較するしかない。ということは、一方は現実で他方は仮想なのだから、対等ではない。現実どうしや仮想どうしを、比較しているわけではないのだから。そして、現実と仮想とは、明らかに非対称である。反実仮想は、現実があって初めてそれに依拠してなされるものであるし、どんな仮想であっても現実の中でなされるしかない。そういう意味で、現実は、つねに仮想より上位の水準にある。はじめからこれほど落差のあるものを、どうやったら正当に比較できるのだろうか。

さらに、その反実仮想は、次のようなものでなければならない。「もし仮にそのまま山口で暮らしているとしたら」という仮想なのだから、現実のこの東京生活は、その仮想においてはまったく「ない」ことになっていなければならない。現実に東京にいることを踏まえて、その上で山口生活を仮想するだけでは、不十分なのである。現実の東京生活という前提を、まったくなきものにした上で、仮想されねばならない。ということは仮想が仮想ではないものとして、仮想されなければならないということである。

たしかに、そのような迂遠な操作を経ると、仮想は少しだけ現実に似てくるだろう。そうすると、現実と仮想は、対等に近い形で比較できるかのように思えるかもしれない。しかし、そうではない。仮想を現実に似せれば似せるほど、むしろ対等な比較は不可能になっていくはずである。なぜならば、現実（東京生活）の方をなきものにした上で、仮想（山口生活）の方を現実として扱うということは、比較相手の現実（東京生活）はまったく起こってないことにして、一つの現実（山口生活）だけが残るようにすることだからである。一つの現実しか残らないならば、やはり比較などできない。

現実と仮想とは、比較できるときには対等ではありえず、対等にしようとすると比較そのものが成り立たなくなる。どちらにしても、対等に並べて比較することなどできない。このことは、現在の現実がただ一つしかありえないことに由来する。

ならば、現在の現実（東京生活）と過去の現実（山口生活）を比較すれば、対等な比較になるだろうか。それもやはり無理である。なぜならば、現在の現実と過去の現実を比較しようとすると、先述の「こどもの城」状態――過去と未来（現在）との無関係――が、浮かび上がるからである。現実を「現在の現実と過去の現実」のように二つ設定しようとすると、両者は無関係で比較不能なものになるし、両者を関係させようとすると、一方が他方を包摂して、対等な二つのものの比較ではありえなくなる。どちらにしても、対等に並べて比較することなどできない。このことは、そもそも現実がただ一つだけしかありえないことに由来する。

このようにして、「やはり東京で暮らす方がいいですか」という問いに答えられないことの困惑は、最終章の「運命論」の問題へとつながっていく。

時間と絶対と相対と

運命論から何を読み取るべきか

目次

時間と絶対と相対と

運命論から何を読み取るべきか

序　章　時間と相対主義

『相対主義の極北』（春秋社、二〇〇一年）と『時間は実在するか』（講談社、二〇〇二年）を書いて以降、さらに私は「時間」や「相対主義」の問題を考え続けてきた。本書は、その哲学的思考の軌跡（記録）である。以下、「時間」を主題とした前半の五つの章と、「相対主義」を主題にした後半の三つの章と、「運命論」を論じた最後の章について、各章相互の繋がりも含めて概観しておこう。

「時間」というテーマは巨大であるが、私の考察は限定されたものである。それは、「過去・現在・未来」という様相に関わる問題と、「時間の流れ（時間推移）」という特異な動性についての考察である。主にマクタガート（J.M.E. McTaggart）の「時間の非実在性」の議論に触発された形で考察を進め、その議論の内部で思考しつつ、その議論を内側から組み換え、さらにそこから脱出した地点において、私自身の思考を展開する。相変わらず、そのようにして考え続けてきた。

ただし章の構成は、その考察の道筋とは逆に、マクタガートの議論からは（相対的に）離れたところで展開される私自身の考察を、最初の三つの章として配置した。

第一章　非時間的な時間　第三の〈今〉
第二章　「未来はない」とはどのようなことか
第三章　過去の過去性

マクタガートの「時間の非実在性」の議論に深く入り込んだ内在的かつ脱出的な考察の方は、それに続く第四章と第五章に配置した。

第四章　時間と矛盾　マクタガートの「矛盾」を書き換える
第五章　時間の推移と記述の固定　マクタガートの「矛盾」に対する第一の書き換え

この順序の方が、マクタガートの議論になじみの薄い読者にも、読みやすくなると判断したからである。最初の三つの章は、本書の主題の一つである「現在・未来・過去」という三様相にそれぞれ対応しているという点でも、前半に配置するのが相応しいと考えた。マクタガートは、「過去・現在・未来」の三様相を個別には扱わないが、私は、それぞれの様相には固有の問題があると考え、章を分けて考察した。

第四章と第五章では、個別の時間様相ではなくて、むしろ「現在のことも過去のことに〈なる〉」

というときの「なる」、つまり時間特有の動性こそが、中心問題となる（「現在」という様相は、第四章と第五章でも中心問題であり続けるが）。第四章と第五章では、時間における「矛盾」をマクタガートとは別様に考え、時間の動性がどのように特異なあり方なのかを描き出す。

＊

第一章では、「今現在」という時間のあり方を考察することを通じて、「現実性（まさに・現に……であること）」という本書を貫く中心概念の一つを抽出し素描する。まず準備として、「今現在」に対する二つの異なる捉え方が呈示される。一つは、「今現在」というあり方を二つの出来事の重なり――同時性――として捉える捉え方であり、もう一つは、「今現在」というあり方を時間系列上を動いていく何かとして捉える捉え方である。前者が「静的な捉え方」であり、後者が「動的な捉え方」である。さらに、この「今現在」の二種類の捉え方が、いかに不十分であるかを論じ、両者が或る「欠落」において構造的な共犯関係にあることを指摘する。そして、両者から欠落し続けるものこそが、「現実性（まさに・現に……であること）」に他ならないことを指摘し、「現にある（現実化している）今現在」を「第三の〈今〉」と呼称する。

第二章では、マクタガートやブロード（C.D. Broad）の考察を参照しつつ、「未来」という時間のあり方特有の「なさ」を追究する。「未来」というあり方を追いかける中で浮かび上がってくるのは、「過去化した未来」「無としての未来」「欠如としての未来」「無でさえない未来」という四つのあり方であり、その間を循環する「関係と無関係」である。未来の「なさ」とは、「ある」に包摂される

「ない」と、「ある」への包摂を拒む「ない」との力動的な二重性である、と言い換えてもよい。「未来」は、動的に二重の意味で「ない」のである。そのような考察を経て、「未来」の「なさ」の問題が、「時制」よりは「アスペクト」の問題へと繋がっているという予想を述べる。

第三章では、大森荘蔵の時間論（想起過去説）と勝守真による大森時間論の批判的検討（想起逸脱過去説）を踏み台として活用しつつ、反実在論的な過去論を実在論的な過去論へと転回させる。その反実在論から実在論への「接近運動」は、過去の過去性の最深部へと投錨することであり、「過去実在」とはどのようなものであるかを考察することである。その考察を通して、私は「想起阻却過去説」を提案する。すなわち、過去の過去性とは、「想起過去」「想起逸脱過去」「想起阻却過去」という三層が織りなす動的な重層性であることを明らかにする。また、この重層性を、ラッセル（B. Russell）の「五分前世界創造説」にも読み込むことができることを、合わせて述べる。このようにして、特定の時間尺度の中では位置づけられない「過去」、いわば「現在」から決定的に断絶している「過去」について論じるのが、第三章である。この最深部の「過去」とは、創造以前の「無」の別名であり、そこへと接近することは、現在から発している能動性のベクトル自体が、反転して受動相に転ずることに等しい。

過去・現在・未来という三様相を主題とする第一章から第三章においては、「（現に）ある」ことと「（幾重にも）ない」ことの「関係と無関係」が考察の通奏低音となっており、この点は後の章の考察へもさらに受け継がれていく。

＊

第四章と第五章では、マクタガートの「時間の非実在性」の証明を主題的に論じる。マクタガートの証明のミニマムな骨格を示しておくと、次のようになる。

（1）時間の捉え方には、過去・現在・未来の区別からなるA系列と、前後関係からなるB系列の二種類ある。

（2）時間にとっては「変化」が本質的であり、その「変化」はA系列によってこそ捉えられる。

（3）したがって、A系列が時間にとって本質的である。

（4）しかし、A系列は、「過去・現在・未来は両立不可能でありかつ両立可能である」という「矛盾」を避けることができない。

（5）時間にとって本質的なA系列に「矛盾」が含まれるのだから、時間は実在的ではない。

このマクタガートの証明は、それを擁護する場合も論駁する場合も、「時制 VS 無時制」という枠組みにおいて論じられることが多い。しかし、その枠組みは、むしろマクタガートの洞察の核心を隠蔽すると、私は考えている。しかも、マクタガートの証明は、その「成功」によってではなく「失敗」によってこそ、その核心を指し示してくれる。そのような事情が、問題をいっそう複雑にしている。

その「核心」とは、「時間における矛盾」とは「何と何との矛盾なのか」という点にある。

したがって、第四章と第五章では、マクタガートの議論をくぐり抜けて、その「矛盾」の実相に迫る。マクタガートが呈示した「時間における矛盾」を、三通りの仕方で書き換えることを通して、「時間は矛盾するが故に実在しない」を「矛盾こそが時間固有の実在性を構成する」へと転回させる。マクタガートの「矛盾」を書き換える作業の全体像を呈示するのが第四章であり、その中の「第一の書き換え」にのみ焦点を絞って詳述するのが第五章である。三通りの「書き換え」とは、次の三つのことである。

（1）「時間の推移の動性」と「記述の固定の静性」との相克
（2）「絶対的な現在」と「相対的な現在」との短絡的な癒着
（3）「時間の推移の動性」と「絶対的な現在」との相容れなさ

第四章では、まず、マクタガートの証明の大前提である「A系列とB系列の区別」自体に疑問を呈する。A系列とB系列を切り分けるための「基準」がうまく働かないことを指摘し、A系列の中にもB系列が、B系列の中にもA系列が見出されることを確認する。しかし、そのうまく働かない基準——「一つ（の出来事）か複数（の出来事）か」と「永続か変化か」——を、却下するのではなくて、むしろより精鋭化させる方向で、マクタガートの議論を組み換える。

「一つか複数か」という対比は、当の「一つ」の中にすでに組み込まれている。この点を重視し、「複数性が意味を持たない〈独《ひと》つ〉なのか、複数性を背景とした〈一つ〉なのか」の区別を、当の

「一つ」の中へと読み込む。これこそが、「現在」というあり方の最重要点となる。すなわち、「現在」は、「現実的な現在」として〈独つ性〉を持ちながらも、「可能的な現在」としては〈一つ性〉も持たなければならない。しかも、「現在」のこの二重性――絶対的でも相対的でもあるという二重性――は、単に両義的なのではない。絶対と相対は、相反しつつも通底する。それは、「メートル原器（絶対）」によってこそ「長さの測定（相対）」が誕生するにもかかわらず、その「測られる側（相対）」の秩序の中に「メートル原器（絶対）」自体が位置づけられて、「メートル原器（絶対）は一メートルの長さを持つもの（相対）である」かのように語られることに幾分似ている。

「時間の経過・推移」は、普通の「変化」（位置変化や状態変化など）とはかなり異なったあり方をしている。その特異な変化を、無理やり普通の変化のように扱おうとすると、「今現在が動いていく」という誤った表象が生じる。また、特異な変化など認めないことにすると、時間は単なる尺度へと成り下がり、その力を失う。

マクタガートは、「時間の推移」の特異性を、ものの変化と出来事の変化の対比によって考えようとした。しかし私は、「時間の推移」の特異性を、そのような領域の区別（ものか出来事か）にあるとは考えない。むしろ、普通の「変化」の中から永続するもの（固定したもの）をあえて切り出したうえで、その永続するもの（固定したもの）への「さらなる変化」であること（高階性）こそが、「時間の推移」の特徴だと考える。その「高階性」ゆえに、「時間の推移」はもの／出来事などの対象領域の区別を越えて、すべてに浸透すべき変化となり、たとえ他の種類の変化が起こらなくとも生じているのでなければならない変化となる（汎浸透性）。こうして、「時間の推移」は、通常の変化の図式（同一の何かとそれについての差異）をはみ出してしまうような変化であることが、その特異性となる。「第二の書き換え（2）」とは、前述の「絶対と相対との背反的な通底」のことである。それに対して、「第一の書き換え（1）」は、「時間の推移」の特異性に関わる。この「第一の書き換え」については、第四章よりも第五章の方が詳しく扱っている。読み方としては変則的かもしれないが、第四章の第五節に入る前に、先に第五章を読んでいただく方が、理解しやすいかもしれない。

「第一の書き換え（1）」と「第二の書き換え（2）」に基づき、第四章の最後において「第三の書き換え（3）」を呈示する。「時間における最深部の矛盾」とは、この「時間の推移の動性」と「絶対的な現在」との相容れなさ――異なる「語りえないもの」どうしの決定的に外的な「断絶」――であると、私は考えている。

第五章では、「時間の推移の動性」と「記述の固定の静性」との相克を論じる。まず、「時間の推移」が、「時制の区分（過去・現在・未来）」によっては馴致されない「時制逸脱的」なものであることを考察する。その際、「時制」を根底的なものと考えることによってマクタガートを批判する議論――ロウ（E.J.Lowe）の議論――を、批判的に検討する。たとえ時制を根底的だと見なしても、それでも「矛盾」は回帰することを明らかにする。

「時間の推移の動性」とは、時制区分の間へと逸脱し浸透する「なる」であり、「記述の固定の静性」とは、時制区分と時間の推移を俯瞰する「（無時制的な）である」である。その「なる」と「である」の作用域包摂関係における相克こそが、「第一の書き換え（1）」における「矛盾」に相当する。この種の「矛盾」は、たとえ時制表現から離れたとしても、「反復不可能なものの反復」という形をとって回帰する。この点もまた、ロウの「流れ（flux or flow）」の議論を批判的に検討することを通して論じる。

この「矛盾」解釈――第一の書き換え（1）――は、通常のマクタガート解釈とは異なっている。その点を、Ａ論者の解釈・Ｂ論者の解釈と比較することによって浮き彫りにする。Ａ論者は、「過去・現在・未来」の両立不可能性を「静的（固定的）」に捉えたうえで、「動的（時制的）」に考えれば三者は両立可能であると考える。一方、Ｂ論者は、「過去・現在・未来」の両立不可能性も両立可能性も、ともに「静的（固定的）」「無時制的」に考えようとする。どちらにも、問題そのものとして、あるいはマクタガート解釈として弱点がある。私の解釈では、「過去・現在・未来」の両立不可能性こそが、「動的」に――ただし「時制的に」ではなく「（時制逸脱的な）なる」において――考えられるべきであり、三者の両立可能性こそが、「静的に」――「（無時制的な）である」において――考えられるべきだ、ということになる。

「時間」とその「記述」の間では、どこまでも逃れ去り追いつけないものが、あらかじめすでに理解済みでなければならないという事態が生じている。無限に遠いものが、まさに一番身近で密着して働く。時間固有のリアリティとは、（マクタガートの結論とは異なり）そのような事態にこそ見出すべきなのである。

＊

第六章から第八章は、相対主義の問題を扱う。

第六章　相対主義と時間差と無関係
第七章　「寛容／不寛容の悪循環」とそれからの「脱出の方途」について
第八章　プロタゴラス説のあるべき姿

第六章では、「時間」の問題と「相対主義」の問題が接続する場面を考察する。すなわち、相対化の運動（落差を反復する私たち）という絶対域を、「時間差（時間的な隔たり）」が無力化するという主題を論じる。

まず、相対主義についての通俗的な描像を退けることから議論を開始する。「通俗的な描像」とは、第一に「相対主義は自己矛盾に陥って自滅する」という描像であり、第二に「相対主義は複数の観点や文化や概念枠などを平等に扱う寛容な態度である」という描像である。

相対主義を相対化の運動の徹底として捉えるならば、相対主義は自己矛盾には陥らない。「限定句（……にとって）」による水平的な相対化と、「レベル差（メタレベル／オブジェクトレベル）」による垂直的な相対化によって、矛盾は回避され続けるからである。むしろ、相対主義は自己矛盾に陥るのではなく、自己適用の徹底によって完結しえない運動となる。そして、相対化の運動は、枠組みや観点が「平等に複数並立する」という描像を、無効にする。相対化の運動のもっとも外側で働く枠組み（私たちの枠組み）は、対比される他の枠組みがない仕方で、すなわち「唯一」というあり方で反復されるからである。したがって、「私たちの枠組み」は、非‐複数性・非‐平等性・非‐並立性こそを特徴とする。

問題は、そのような「私たちの枠組み」という絶対域である。対比される他の枠組みがないにもかかわらず、それでもなお「私たちの枠組み」と言いうるのは、「時間差」を先取りする――現在と未来の隔たりを跨ぐ――からである。「時間差（時間の隔たり）」の先取りが、「私たちの枠組み」という絶対域を可能にしている。しかし、そのような「先取り」は、仮想的なものにすぎない。そのような仮想の外では（現実においては）、現在と未来とは決定的に断絶している（無関係である）。この時点（今現在）と別の時点とは、連続しているものを切断するという仕方で「無関係」なのではなくて、そもそも関係を問題にしえないという仕方で「無関係」なのである。第一章から第五章までの時間論は、時間に含まれるこの「関係（仮想的な先取り）と無関係（現実的な断絶）」を取りだそうとする作業である。

そして、この「関係と無関係」こそが、相対化の運動を一方で可能にし、他方で不可能にする。「無関係」とは、「関係がない」という意味で理解される限りは、「関係」を経由したうえでの否定態でしかありえない。しかし実は、そのような「関係」を否定するという「関係」（無関係という関係）からの無縁、あるいはそのような「関係」以前こそが、ここでの「無関係」なのである。したがって、「無関係」とは肯定の後なる否定ではなく、そのような肯定に先立つ何かである。そのような何か（無関係性）こそが、「実在」の名にふさわしい。ただし、そのような「実在」――何か（無関係性）――とは、「関係」の彼方にあるのではなく、「関係」がつねにすで跳び越してしまっている「手前」である。ゆえに、「飛び越されてしまった実在」あるいは「実在の手前性」とでも言うべきである。

このように、「時間」と「相対主義」は、「関係と無関係」「実在」という問題場面において接続する。「私たち」という絶対域が、「関係としての時間差」によって可能になると同時に、「無関係としての時間差」によって不可能になること、そして、絶対域のそのような頓挫においてこそ、「飛び越されてしまった実在」あるいは「実在の手前性」がかろうじてかいま見られること、これらが第六章の主題である。

第七章では、道徳的・倫理的相対主義の問題を考察する。「寛容」をめぐるアポリアとそこからの脱出という問題が主題である。古茂田宏やウィリアムズ（B.Williams）の議論を批判的に検討することを通して、「寛容」をめぐるアポリアと呼ばれるものが、実は解決すべき「アポリア」なのではなく、相対化の運動それ自体に他ならないこと、そして「脱出」など不可能でありかつ不必要であることを論じる。また、相対化の運動（落差を反復する私たち）と、ローティ（R.Rorty）の「（リベラルなエスノセントリズムの）我々」とがどのように異なるのかを、註において明らかにする。

古茂田は、「寛容」が「不寛容や暴虐」へと転化してしまう事態を、相対主義が陥ってしまう「悪循環」「アポリア」として描き出している。しかし私は、相対主義がそのような相貌転化を見せることは、循環のアポリアなのではなくて、むしろ相対化の運動の遂行（反復）そのものであると考える。「相対主義（相対化の運動）」は、それ自体は「空虚なもの」であって、道徳的・倫理的な（実質的な）アポリアとは無縁なのである。それにもかかわらず、「相対化の運動」がアポリアのように見えてしまうとすれば、それは相対主義固有の論理によるのではなく、外から持ち込まれる何か（イデオロギー?）によって生じるのである。両者を切り分けておくことこそが肝要と考える。

ここでもまた、「無関係性」が重要である。「論理」「形而上」の水準とマテリアルな「解決（脱出)」の水準を、安易に接続すべきではない。両者を接続できるかのように思う者は、亀を説得し終わると考えているアキレスに等しい(ルイス・キャロルのパラドクス)。古茂田・ローティの提示する「脱出の方途」は、両水準の中間(あるいは混在)という性格を帯びている。すなわち、半ば観念的で半ば物質的な「脱出の方途」である。しかし、「現在」と「未来」が、仮想的に「関係」があるだけで、現実的には「無関係」でしかないのと同じように、「論理」「形而上」とマテリアルな「解決」「収斂」とは「無関係」である。両者の中間(あるいは混在)において、道徳的な「解決」「収斂」を探るのではなく、両者の無関係性を保持しようとすること。それ自体が一つの「倫理」である。

古茂田も依拠しているローティの議論には、独特の「我々」が登場する。それは、普遍的な真理や合理性を立てることもなく、複数の真理や合理性の横並び状態に陥ることもなく、事実(所与)としての中心性(原点性)から出発して、リベラリズムを拡大していく西洋リベラルな知識人としての「我々」である。このローティの「我々」と、「落差を反復する私たち」という絶対域とは、どのように異なっているのだろうか。この点を明らかにすることによって、私自身の相対主義論の輪郭を明瞭にしておきたい(第七章の註(5)参照)。

第八章では、相対主義の源流である「プロタゴラス説(人間尺度説)」を、その可能性の先端へと向けて開く。すなわち、「人間は万物の尺度である」という説の「あるべき姿」を模索し、「絶対」と「相対」がどのように折り重なっているかを明らかにする。

プロタゴラス説(人間尺度説)の可能性の先端を見きわめるためには、その説をソクラテスによる解釈から解放しなければならない。

「現れ」とは、自体性（それ自体で・端的に……であること）と各自性（各人にとって……であること）との中間に位置する。このことを、ソクラテスは見逃している。「現れ」は、「自体性」そのものではないが、「自体性」へと言及し内的に関係する。「〈自体的に・端的に……である〉ように現れる」という仕方によって。そのような「自体的な現れ」には、まだ「各自性」が入り込んでいない。にもかかわらず、ソクラテスは、「各自性」を帯びてしまった後の「現れ」から議論をスタートさせてしまう。

「現れ」がそのような中間的な場だからこそ、そこに「（端的な事実とは異なるものとしての）真理」というものが生い立つ。つまり、「現れ」は、「端的な事実からの遊離」と「それでもなお事実と一致すること」の両方を与えることによって、「真理」を可能にする。この「現れによる真理空間の誕生」こそが、もっとも源初的な「相対化」に他ならない。「真理」が何かに対して相対化されるのではない。「真理」というあり方自体が、すでに（根源的な）相対化を被っているのである。ゆえに、「真理」は、端的な事実が持つはずの「絶対性」をあらかじめ失っている。

しかし、「現れ」のところには、あらかじめ失われている「絶対性」が転移する。「現れ」が現れていること自体は、自らが開く真理空間の中には位置づけられない。つまり、「現れとしての現れ」（現れ自体の事実性）は、真・偽の可能性の外にあり、「誤り」の可能性がない。また、「現れ」が開く「真理空間」には、相並ぶ他の「真理空間」などない。そのような（「誤り」のなさと「対」のなさという）仕方によって、「絶対性」が「現れ」自体に転移する。「真理」の源初的な相対性と、失われた絶対性の転移こそが、プロタゴラス説（人間尺度説）が切り開く初発の地平である。

ソクラテスが述べるような「各自性」は、あくまでもその第一段階の後で、しかもさらにもう一段階の相対化を経た後に、ようやく成立する。第二段階の相対化とは、全体（自体的な現れ）が、その全体の中の一部分（各自に内属する「現れ」）へと埋め込まれ、局所化されることである。このようにして、俯瞰できないはずのもの（現れ）が、その外から俯瞰される。

それでは、第一段階・第二段階を経た後の相対主義――各自的な相対主義――についてならば、ソクラテスの議論は適切なのだろうか。ソクラテスは、各自的な相対主義が自己論駁に陥ることを示そうとする。そのソクラテスの議論において、「各自性」は変形を被ることになる。すなわち、「各人内在的なもの」だった「各自性」は、「各人横断的な各自性」へと移行し、「各自性の交差」が生じる。これは、「俯瞰」がいっそう深まっていることに相当する。さらにソクラテスの議論においては、「各自性の交差」だけでなく、「各自性の階差」まで生じる。そして、当の「各自性の交差」や「各自性の階差」の使用に関して、ソクラテスはミスを犯すことになる。そのせいで「自己論駁を指摘する議論」は失敗に終わっている。つまり、ソクラテスの議論（批判）は、適切ではない。

しかし重要なことは、ソクラテスの批判が失敗することではない。相対主義批判の中で使われている論理――各自性の交差・各自性の階差――は、第二段階の相対化（全体の局所化）によって失ってしまった絶対性を再び呼び戻すように働く。このことの方が重要である。すなわち、交差と階差は、「部分の全体化」をもたらす。他のものたちと相並んでいた「プロタゴラスにとって（局所）」が、今度は他のものたちを包摂する「プロタゴラスにとって（全体）」として働くようになる。しかも、「全体の局所化」と「局所の全体化」は反復する。以上のような、「源初的な相対化」と「絶対性の転移」、「全体の局所化」と「局所の全体化」の反復というプロセスこそが、プロタゴラス説が切り開く相対主義の地平である。

プロタゴラス説（相対主義）の相対化のプロセスが、「真・偽」から「意味」へと及ぶとき、その説は「無意味」に直面し、「（意味の場としての）私たち」が浮上する。もちろん、「私たち」とは、「落差を反復する私たち」に他ならない（第六章・第七章参照）。こうして、「人間は万物の尺度である」の「人間」とは、各個人でも人類全体でもなく、「私たち」という絶対域となる。そして、プロタゴラス説（相対主義）の問題が、「私たち」という絶対域へと行き着いたとしても、そこにも過去・現在・未来という時間様相の「断絶（無関係）」は入り込んでくる。「私たち」という絶対域の絶対性も、無関係的な時間の相においては相対化される（第六章参照）。

絶対性と相対性が折り重なるプロセスを遂行的に辿ること。これこそが、「人間尺度説」の「可能性の先端」であり、「プロタゴラス説のあるべき姿」である。

＊

最後の章では、これまでの考察のすべてが交錯する地点である「運命論」を論じる。

第九章　運命論から何を読み取るべきか

「運命」は、過去のことに関してあるいは未来へと向けて、語られることが多い。過去のあの出来事は「運命」だったのだと言われる。あるいは未来に起こることも「運命」として定まっているのだと語られる。そして、「運命」が語られる多くの場面では、「意味」や「連鎖」が「運命」の構成要因となる。過去のあの出来事が、自分の人生において大きな「意味」を持つときにこそ、それは「運命」だと呼ばれる。あるいは未来が「運命」として定まっているのは、未来にまで繋がっている切れ目のない「因果連鎖」のせいだと考えられる。「運命」は、あるときには「意味」の現象だと見なされ、あるときには「因果連鎖」による決定だと見なされる。だからこそ、「運命」は、一方では「単なる解釈」や「主観的な思いこみ」にすぎないものと見なされるし、他方では「自然の定め」や「客観的な秩序」とも見なされる。

しかし第九章では、「運命」をそのようには考えない。私は、「運命」を（過去や未来にではなく）「現在」に対して考える。また、「運命」を「意味」や「解釈」の問題としてではなく、それらを剥ぎ取ったとしてもなお残るはずの「論理」や「形而上」の問題として考える。そして、「因果連鎖」のような複数の項の関係（繋がり）としてではなく、単独のものの全一性（それが全てでそれしかないこと）として、「運命」を考える。

第九章の考察においては、「時制」「現実性」「絶対と相対」など、本書全体を貫くいくつものテーマが輻輳する。また、本書の時間論・相対主義論においては、「矛盾」が重要な役割を演じるのに対して、運命論においては、「排中律」が大きな役割を演じることになる。

運命論の正しさを「論証」しようという企ては、古くからそして現代に至るまである。しかし、「運命」の存在を、「論理」によって導こうという試みなど、始めから成功の見込みなどないように思われるかもしれない。実際、そのような「論証」など成功していないという批判の方が圧倒的に多い。

しかし、ここでもまた（マクタガートの「時間の非実在性」の証明の場合と同様に）、「論証」の失敗は、その「論証」の価値を（少なくともその哲学的な価値を）下げはしない。むしろ、「論証」の失敗こそが、成功してしまうと見えなくなる何かを見せてくれる。私が見たいものも、そのような「失敗」を通してしか遠望することのできない「形而上」の事柄である。「運命」とは、そのような「形而上」に属する事柄なのである。

第九章では、アリストテレスによる運命論批判の議論と、テイラー（R.Taylor）による運命論擁護の議論を素材として取りあげる（テイラーの議論には、初期バージョンと改訂バージョンがあるので、全部で三種類となる）。これら三種類の議論を比較する作業を経ることによって、「論理的な運命論」（の失敗）から、「形而上学的な運命論」をかいま見る。

「論理的な運命論」の議論には、いくつもの原理が潜在している。私は、アリストテレスの議論を基に、次の四つの原理を抽出し、その働き方に検討を加える。

（1）排中律：或る言明の肯定が真であるか、その言明の否定が真であるかのどちらかである。
（2）時制移動：現在も過去においては未来だったし、未来も現在になるし、やがて過去になる。
（3）汎時間化：真であることが判明すると、時間を越えて常に真であることになる。
（4）必然性導入：或る言明が真であるならば、それが真であることは必然的である。

アリストテレスは、（1）と（4）の原理を批判することによって、運命論は避けられると考えている。しかし私は、(2)と(3)の原理を認めるならば、むしろ(1)と(4)も或る仕方で容認することになり、その結果、運命論は避けられないと考えている。ただし、その避けられない運命論とは、「現にPであるならばそれが必然であり、現に¬Pであるならばそれが必然である」、あるいは「Pにしても¬Pにしても、それぞれの現実が必然である」という運命論である。これは、運命論としては不十分である。なぜならば、「現実」「必然」が、「二つ」与えられるために、選言肢の全体には「可能性」「偶然」が忍び込み、「運命」は弱められてしまうからである。結局、「論理的な運命論」は、(アリストテレス的な)批判を回避することは可能だけれども(だからこそ)、運命論としては十分に強いものではなくなってしまう。

テイラーの「論理的な運命論」の議論では、アリストテレスの議論とは違って、(2)や(3)のような時間的な原理が、本質的な役割を演じない。その代わりに、(1)の排中律の原理だけがクローズアップされる。まさに、運命論は排中律と運命を共にすることになる。

排中律という原理には、「どちらか一つであること(唯一性)」と「どちらか一つであること(二性)」と「どちらでもいいこと(空白性)」の三要因が絡み合って働いている。別言すれば、排中律の中には、「空白」と「ベタ」の二様相がある。テイラーの運命論に初期バージョンと改訂バージョンがあることは、排中律のどの様相が焦点化されるかの違いに対応している。初期バージョンでは、「空白」と「ベタ」が等しく焦点化されるのに対して、改訂バージョンでは、「空白」は背後に退き「ベタ」が前景化する。

十分に強い「運命」とは、前景化した「ベタ」の様相が示唆する「完全なるベタ」、つまり「現実の全一性（現実がすべてでそれしかないこと）」である。しかし、排中律によって「ベタ」を表現する限りは、「空白」の様相もまた残らざるを得ない。よって、「運命」は弱いものへと転落するしかない。

「論理的な運命論」が捉え損なわざるを得ない領域――完全なるベタ・現実の全一性――こそが、「形而上学的な運命論」の領域である。そこは、「現実性」と「現在性」と「必然性」が一つに重なってしまうような領域である。「運命」とは、「現にあるようにあるしかない」「まさに今あるようにあるしかない」ということなのである。

*

序章では、本書全体の概観を行った。ここで描いた「見取り図」は、各章を読み解くための一助となるだろうと思う。しかし、各章は、それぞれ独立に読むことができるように書かれているし、さらに読者の興味に応じて順番を変えて読んでいただくことにより、別の図柄が見えてくる可能性もある。どこからでも、ひとつの章だけでも全体を通してでも、あるいはどんな読み方であっても、とにかく読み始めていただけると有り難い。

註の中に、四つの長い註がある。第六章の（7）と（15）、第七章の（5）、そして第八章の追記である。これらは、あとで取り出して独立に読んでいただくのもよいと思う。

第一章　非時間的な時間　第三の〈今〉

一　同時性としての〈今〉

「今、妻は入浴中です」「今現在、二〇〇七年一〇月八日午前十時です」「今はもう秋です」「今は二十一世紀だ」「今は末法の世だ」……これらは、私たちの〈今〉についての語り方のほんの一例〈サンプル〉である。

さて、〈今〉を、二つの違った仕方で捉えてみよう。一つは、同時性としての〈今〉という捉え方であり、もう一つは、動く〈今〉という捉え方である。この二つのとらえ方の間の違いが、この章の前半の焦点である。

「同時性」というのは、二つの出来事の間に成り立つ関係である。二つの出来事E_0とE_1は、E_0がE_1

に対して「より前」か、「より後」か、それとも「同時」であるか、この三つの関係のいずれかになる。それは、任意の実数p, q間の $p<q$, $p=q$, $p>q$ という関係に似ている。だからこそ、図1のように、「より前」「同時」「より後」という関係は、直線上の三つの位置関係として表象される。時間を、この三つの関係によって分析するという姿勢は、時間を出来事や時点の「順序関係」として捉える考え方である。この考え方によれば、〈今〉とは、二つの出来事や時点の間の「重なり」である。これが、同時性としての〈今〉という捉え方である。

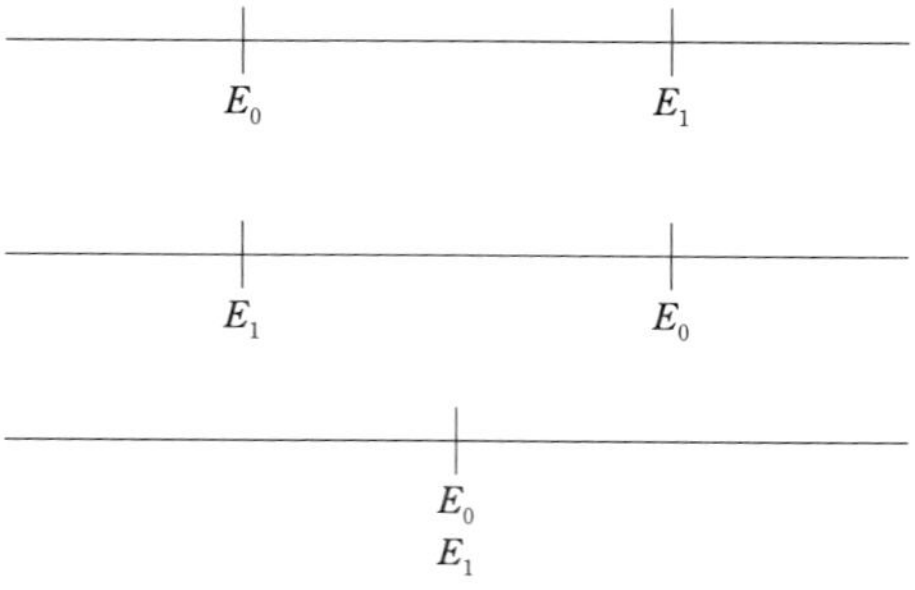

図1

それでは「今、妻は入浴中です」というサンプルにおいて、二つの出来事の「重なり」があるとはどういうことだろうか。一見、ここには「妻が風呂に入っている」という一つの出来事しかないように思われるかもしれない。しかし、ただ一つの出来事やただ一つの時点だけでは、「重なり」としての同時性は成立しない。

ここには、「妻が風呂に入っている」という出来事が一つ。そして、もう一つは、「今、妻は入浴中です」という発話のトークン(1)が生じているという出来事である。わざわざ「今、妻は入浴中です」と言わなくとも、つまりこのトークンを発話しなかったとしても、妻は風呂に入っているという出来事は生じているだろうから、ここには、妻の入浴と私による発話という二つの別の出来事が成立していることになる。

一般化して言うならば、こうなる。「今、E_1という出来事が起こっている」というのは、E_1という出来事と、「今……」という発話トークンが生じているという出来事E_0が、どちらが「より前」でも「より後」でもないこと――すなわち「同時」であること――だと分析される。

もちろん、「今……」と声に出して発話しなければ、二つの出来事が発生しないというわけではない。たとえ、声に出したり紙に書いたりしなくとも、「今……」という「意識トークン」が生じるならば、その意識トークンが生じているという出来事がE_0に相当する。そして、E_0と同時にE_1という別のある出来事が生じていることが、「E_1が今起こっている」ということである。要するに、同時性としての〈今〉という考え方によるならば、〈今〉とは、「今」というそのトークンが生じる時点のことに他ならない。

この捉え方によれば、時間とは、出来事や時点の「より前／より後／同時」という順序関係である。そして、重要なことは、その順序関係自体は固定されたものだということである。例えば、一九五八年十一月十一日のある出来事は、二〇〇七年十月八日のある出来事「より前」であるという関係は、どの時点でも変わらずにそのままである。

そして、「今」というここで生じているトークン（ここに「今」と書き記している行為）もまた、その固定された順序系列のどこかに、出来事として位置づけられる。そして、そのトークンが位置する時点が、〈今〉となる。例えば、t_1という時点で「今」というトークンが生じれば、t_1が〈今〉であり、t_2という時点で生じれば、t_2が〈今〉である。さらに、過去とは、「今」というトークンが生じる時点「より前」のことであり、未来とは、「今」というトークンが生じる時点「より後」のことである。

したがって、過去・現在・未来という時間の区別もまた、この捉え方によるならば、出来事や時点の間の「より前／同時／より後」という順序関係によって説明される。

注意しなくてはならないのは、「より前／より後／同時」という順序関係自体は、先ほどの p<q、p=q、p>q という大小関係と同じく、むしろ無時間的であるということである。「過去」や「未来」という時間特有の意味合いは、「より前」「より後」という順序関係自体には含まれていない。したがって、同時性としての〈今〉という考え方は、いわば時間を無時間的な相で把握する考え方であるということになりうる(2)。

二　動く〈今〉

このような同時性としての〈今〉という考え方、すなわち、時間を無時間的な相で把握する考え方には、時間の捉え方として、何かが決定的に欠けていると思われるかもしれない。

なぜそのように思われるのだろうか。「より前／より後／同時」という順序関係は、固定された抽象的な系列にすぎず、そこには、時間に特有の「変化」や「流れ」や「動き」が欠けていると感じられるからだろう。言いかえれば、同時性としての〈今〉という捉え方では、過去の方から未来の方へと向けて動きつつある〈今〉という時の「動き」を捉えられない。〈今〉という時は、系列上の単なる一時点のことではなく、〈今〉はその系列上を図2のように左から右へとすべり行きつつある独特の「何か」であるというわけである。これが、動く〈今〉という考え方である。

図2

図3

この動く〈今〉という考え方に含まれる「変化」とは、物事の性質や状態などがPからQに変わるという時の「変化」とはまったく違う。t_1という時点でPという状態であるものが、t_2という時点ではQという別の状態であることは、普通の意味では「変化」である。しかし、「t_1という時点でPという状態であること」も、「t_2という時点でQという別の状態であること」も共に真であるならば、この二つの事実は共に「変わることなく」真であり続ける。つまり、出来事はいったん時間軸上に位置づけられると、その位置に固定される。そういう意味では、ここに「変化」はない。これはちょうど、出来事や時点の順序関係の系列自体が、固定された不変のものであることに対応している。

ところが、「t_1という時点でPという状態である」という固定された事実は、その固定性を保存したままでなお、決定的な「変化」を被ることが可能である。そのように、動く〈今〉を主張する論者は考える。それは、「t_1という時点でPという状態である」そのこと自体が、まだ未来である状態から、次に現在へと到来し、やがて過去へと消え去っていくという「変化」である。この時間特有の「変化」は、例えば、出来事や時点がその上に固定されている時間軸・系列そのものが、未来から過去の方へと移動していくこととして表象される（図3参照）。つまり、動く〈今〉の変化とは、時系列内での状態の転換ではなくて、固定された不変の時系列それ自体の時間的な変化なのである。

この考え方によれば、過去・現在・未来という時間の区別は、出来事や時点の「より前／同時／より後」という無時間的な順序関係によっては説明不可能である。したがって過去・現在・未来という区別は、順序関係には還元できない時間に固有のものだということになる。

こう言ってもいいだろう。世界の中の「状態変化」がすべて凍りついて止まったとしても、その静止した世界自体が、過去のものとなっていくという「時間変化」こそが、〈今〉の運動なのであると。そこで、動く〈今〉という「変化」は、時系列上に位置づけられた出来事の「中身」がどんなものであるかや、あるいはそもそも出来事が存在するか否かからは独立だということになる。たとえ、物質の性質や状態がずっとPであり続けてまったく状態変化がなかったとしても、いやさらに、そもそも何も起こらず世界が空白状態であったとしても、その「静止状態」「空白状態」自体がまるごと、次第に過去のものとなっていくという「時間変化」だけは残るのだと、動く〈今〉を主張する論者は考える。

三　A系列／B系列、そして第三の〈今〉へ

ここまで、時間を順序関係として静的に捉える考え方と、時間を独特の「変化」として動的に捉える考え方を対比してきた。この考え方の違いと対立は、哲学の歴史の中でも古くかつ根深いものである。二十世紀の「時間の哲学」の古典的作品と言ってもいいものに、マクタガートの「時間の非実在性 The Unreality of Time」という論文がある(3)。マクタガートは、「動く〈今〉」という考え方に対応する動的な時間をA系列、「同時性としての〈今〉」という考え方に対応する静的な時間をB系列と名

づけている。

マクタガートの議論は、B系列はA系列に依存し、A系列こそが時間にとって本質的であること、しかし、A系列はある種の自己矛盾を避けることができないこと、したがって、時間は実在には適用できないもの、すなわち非実在的（unreal）であることを証明しようとするものである(4)。

マクタガートの議論を引き受ける形で、二十〜二十一世紀の特に分析哲学系の時間論は進展してきた。A系列が時間にとって本質的であることをマクタガートとともに認め、しかしA系列が自己矛盾を含むことは認めない論者もいれば、逆にA系列が自己矛盾することをマクタガートとともに認め、しかしB系列こそが実在的な時間であると考える論者たちもいる。A系列論者とB系列論者の論争は、バージョンアップした形で、今でも継続中である(5)。

本章での私の関心は、この論争の「森」の中に入り込むことではない。同時性としての〈今〉という捉え方と、動く〈今〉という捉え方の両方が、ともに捉え損なっている〈今〉のある局面を見てみたいからである。その局面を、「第三の〈今〉」と呼んでおくことにしよう。

「第三の〈今〉」を捉え損なうことは、たまたま不注意だからではない。むしろ、それは、A系列の「今」把握とB系列の「今」把握の構造からして必然的にそうならざるを得ないような「欠落」だと思われる。同時性としての〈今〉という把握の仕方と、動く〈今〉という把握の仕方は、互いに対立し緊張関係にありながらも、「第三の〈今〉」を欠落させていく構造においては、むしろ「共犯関係」にあると私は考えている。

という所にある。

四　「同時性としての〈今〉」から失われているもの

同時性としての〈今〉という考え方に戻ってみよう。問題点は、二つの出来事や時点の「重なり」

この〈今〉把握のポイントは、「今、出来事E_1が起こっている」という現在性を、出来事E_1と出来事E_1に言及する当のトークン（出来事E_0）との同時性――E_1とE_0との重なり――として分析することであった。この分析の仕方には、「死角」のようなものがあると思う。その「死角」とは、「今とは、「今」と発話している時点のことである」という規定の盲点、すなわち、まさに現実化している〈今〉のその現実性である。それはまた、出来事の同時性に先立たざるを得ない〈今〉であり、それは別の角度から言えば、トークンの反射性によっては追いつけない〈今〉であるとも言える。

たとえば、「妻が風呂に入っているときに、地震が起こった」という場合には、二つの出来事（妻の入浴と地震）の「重なり」が端的に分かる。二つの出来事が、同じ資格の「出来事」として捉えられているからである。しかし、「今、妻は入浴中です」の場合にはそれとは違う。この場合に端的に分かるのは、二つの出来事の「重なり」ではなくて、むしろ「妻が風呂に入っている」という、ただ一つの出来事だけである。少なくとも、二つの出来事の「重なり」は表面化していない。このことは何を意味しているのだろうか。

「今、妻は入浴中です」の現実性が、二つの出来事の「重なり」として捉えられるのは、トークンの発生という出来事を、出来事として対象化することによってである。つまり、「今」というトークンも、その他の出来事と同じ資格の一つの出来事になる。さてその場合に、二つの出来事の「重なり」が、まさに今現に生じている同時性であって、「今」というトークンが生じるどの時点でも可能な、任意の同時性ではないということは、どうやって捉えられるのだろうか。次の二つの方向しか考えられないだろう。

一つは、トークンの反射性を繰り返すことによって、まさに現実化している〈今〉を追いかける方向であり、もう一つは、そもそもの最初のトークンに〈今〉の現実性を読み込んでしまう方向である。

最初の方向は、例えば、「今……」と発話しているこのトークンが、と発話しているこのトークンが、と発話しているこのトークンが……、のように、あるいは、……まさに今言っている「まさに今言っている「今」」のように無限後退になるだろう。任意の時点での〈今〉ではなく、まさに現実化している〈今〉を、トークンによる同時性によって分析しようとしても、トークンの反射性は、〈今〉を追いかけ続けて、どこまでも終わらなくなってしまう。

このことから分かるのは、次のことである。任意の時点での可能的な〈今〉は、トークンによる同時性の分析にのるけれども、まさに現実化している〈今〉は、トークンを介しての同時性による分析からは逃げ去っていくということである。

いやそうではない、「今……」という最初のトークンにこそ、まさに現実化している同時性がこもっているではないか。したがって、同時性としての〈今〉からは何も失われておらず、無限後退になる必要もない、と反論する人がいるかもしれない。これが、もう一つの方向である。

しかし、何も失われていないように見えるのは、最初のトークンの使用に対して、現実化している〈今〉をすでに読み込んでいるからである。つまり、同時性から、まさに現実化している〈今〉を導き出すのではなく、逆に現実化している〈今〉を前提にした上で、それを同時性に対してあらかじめ付与しているのである。したがって、そのすでに読み込まれている〈今〉の現実性は、出来事の同時性に先立つことになる。

こうして、まさに現実化している〈今〉とは、いつまでも追いつかないものであるどころか、むしろ、私たちが決してそこから離れることがありえないような〈今〉である。私たちは、まさに現実化している〈今〉にしかいない。トークンの反射性では追いつけないものが、いつもすでに実現しているとすれば、それはトークンを介した同時性の把握に先立っていると考えるしかない。まさに現実化している〈今〉とは、トークンの無限後退の彼方にあるどころか、むしろ、トークンという出来事に先立つ〈今〉なのである。あるいは、トークンの反射性によっては追いつけないものが、トークンという出来事に先だって実現されている。

そこで、「今、妻は入浴中です」の〈今〉の現実性は、たとえ「今、妻は入浴中です」というトークンの発生によって伝えられるものであるとしても、その当のトークンという出来事に先立っているものとして伝えられるしかない。そこで、「今、妻は入浴中です」がまさに今の現実である場合には、当のトークンの出来事は対象化されず、あたかもただ一つの出来事があるだけのようになるということは、〈今〉の現実性にとって本質的なことなのである。

以上から、まさに現実化している〈今〉は、二つの出来事間の順序関係としては捉えることができないことが分かった。〈今〉は、ある意味では「順序関係」自体に先立つものであり、またある意味では「順序関係」では追いつくことのできないものである。

　ここで注意すべきなのは、その「先立つ」という点である。逆の言い方をすれば、「今……」というトークンの出来事は、そのトークンの発生によって伝えられるはずの〈今〉の現実性よりも、必ず「遅れる」しかないということである。この「先立つ」と「遅れる」は、もちろんB系列的な順序関係ではない。まさに現実化している〈今〉は、その順序関係自体に「先立つ」、あるいは順序関係自体がそこから「遅れる」のだから（このような根源的な「ずれ」は、私たちが言語を持っていることと深く結びついている「謎」である）。

　こうして、まさに現実化している〈今〉は、順序関係そのものに先立つのだから、もちろん現実化している〈今〉は、時系列の中のある特定の一時点のことではない。また、現実化している〈今〉に、決まった「幅」があるわけでもない。むしろ、〈今〉は、出来事の系列全体を一点に収縮させたり、一部分をどこまでも引き伸ばしたり、伸縮自在である。

　始めに挙げたサンプルをもう一度見ておこう。〈今〉は、瞬間に近い時刻から、百年以上のスパンにまで広がっている。おそらく原理的には、〈今〉は無限に拡張可能であろう。たとえば、この宇宙が現実化していることそのものを、一つの〈今〉と捉えるというように。それは、神の目から見た「永遠の現在」に近いだろう。こうして、まさに現実化している〈今〉は、瞬間的な事象と共に、あるいは一定の幅がある出来事と共に、さらに無限の幅を持った出来事としても、どんな「姿」でも現れることができるのである(6)。

このような、まさに現実化している〈今〉（〈今〉の現実性）こそが、同時性としての〈今〉からは、失われているのである。

五　「動く〈今〉」の誤解

ここでさらに、同時性としての〈今〉把握に欠けているものを補おうとして、動く〈今〉というもう一方の考え方が浮上する。固定された静的な順序関係に欠けているのは、時間特有の「動性（流れ）」であるという具合に。しかし、〈今〉を時間特有の「変化」「動き」として捉えようとするこのやり方もまた、まさに現実化している〈今〉を再び捉えそこなう。

第二の〈今〉把握の誤解は、〈今〉が動くと考えている点にある。〈今〉は移動などしないのだから。もちろん、時点t_1がかつて〈今〉であった状態から、時点t_2がまさに〈今〉である状態への「変化」はある。しかし、この「変化」について言えることは、〈今〉の運動（移動）なのではなく、次の二つだけである。

一つは、任意の時点がそれぞれ同じく〈今〉でありうるということ。その場合には、複数の〈今〉の並立はあっても、〈今〉の運動（移動）はない。もう一つは、まさに〈今〉である状態は、たった一つであり、それが時点t_2に現実化しているということである。その場合には、〈今〉の現実性はたった一つであって、複数性がそもそも意味を持たないのだから、〈今〉には「移動」もあり得ないことになる。いずれにしても、現実化している〈今〉は動かない。

いや、現実化している〈今〉の現実性が、時点t_1から時点t_2へと「移動」しているのではないかと反論されるかもしれないが、そうではない。時点t_1が現実化している〈今〉であった状態から、時点t_2が現実化している〈今〉である状態への「変化」があるだけである。この「変化」について言えるのは、先ほどと同じく、任意の時点がそれぞれ同じく、現実化しうる〈今〉であるということ。つまり、現実化可能な複数の〈今〉が並立していること。そして、まさに現実化している〈今〉は、やはりただ一つでしかありえないことである。つまり、まさに現実化している〈今〉は、並立のあり得ない単独の様相なのである。したがって、いずれにしても、〈今〉は動かない。〈今〉という自己同一体が、複数の時点間を移動しているのではなくて、むしろ、まったく新たな〈今〉がそのつど生まれていると言った方が、まだよい。

〈今〉が、時系列上を左から右の方へ動くという誤解（図2参照）は、まさに現実化している〈今〉を、左から順番に右の方へ向かって、時系列上の各点のそれぞれに割り当てていくことができるという誤解から生じている。しかし、系列上の複数の各時点に割り当てることができるのは、まさに現実化している〈今〉ではなく、現実化しうる〈今〉だけである。まさに現実化している〈今〉の方は、それが一時点を現実化していようとも、あるいは系列全体を現実化していようとも、別の〈今〉になりようがなく、複数性が意味を持たない。そのような仕方で一つでしかあり得ないのが、〈今〉の現実性である。したがって、まさに現実化している〈今〉に対しては、そもそも「運動（移動）」ということが、意味を持ちようがない(7)。

〈今〉は動かないということが納得できれば、時系列自体が過去の方へと向かって移動していくという「像」（図3参照）も誤りであることが分かる。〈今〉は動かないということは、〈今〉がどこかの時点に固定されて張り付いているということではない。むしろ、〈今〉に対しては、「運動（移動）」と「固定」の両方が意味を持たないということである(8)。動いても止まってもいない〈今〉に対しては、それに対して時系列自体が移動していくということもまた、意味を持ち得ない。

動く〈今〉という誤解は、まさに現実化している〈今〉と、それぞれの時点での任意の〈今〉（現実化しうる〈今〉）との間の、根本的な「断絶」を無視して、両者を短絡させてしまう所から生じていると言っていいだろう。つまり、第一の〈今〉把握に欠けている第三の〈今〉を、当の第一の〈今〉把握の時系列上に、押し込めようとしているという誤りである。その意味では、動く〈今〉という誤解は、同時性としての〈今〉という捉え方に依存している。

六　時間の要《かなめ》

まさに現実化している〈今〉（〈今〉の現実性）こそが、第三の〈今〉である。これは、トークンによる「同時性」の分析をすり抜けてしまうもので、「動く」ものでも「固定」されたものでもなく、しかし、「まさにこの現実世界がある」ということに最も近い何かである。この第三の〈今〉は、通常のイメージの「時間」からは、むしろ最も遠い「非時間的なもの」かもしれない。しかし、この第三の〈今〉なくしては、時間は、「まさにこの現実世界がある」ことと接点を持ち得ないだろう。その意味では、この非時間的な時間（第三の〈今〉）こそが、この現実世界の時間の要である。

第二章　「未来はない」とはどのようなことか

一　はじめに

「未来はない」という表現は、はじめから両義的である。たとえば、未来が希望の持てない陰鬱なものであることを表すことができると同時に、そもそも未来はまったく存在しないということも表すことができる。つまり、「未来はない」という表現は、未来の存在を受け入れたうえでの否定的内容と、未来の存在そのものの否定と、その両方を表すことができる。

もちろん、哲学的に興味深いのは、後者の意味での「未来はない」であろう。本章もまた、その意味での「未来はない」とはどのようなことかを考察対象とする。しかし、「未来はない」という表現がはじめから両義的だということは、出発点として重要である。それは、「ない」の二重性と言い換えてもいい。「ない」には、「ある」に包摂される「ない」と「ある」への包摂を拒む「ない」とが、そもそも重なっている(1)。この「ない」の二重性は、単に出発点であるだけではなく、これからの考察を通して最後まで引き継がれていくことになるだろう。

二　過去化した未来

まず、マクタガート（J.M.E.McTaggart）の論文「時間の非実在性 The Unreality of Time」(2)から、未来に言及している箇所を引用することから始めよう。

さて、出来事の特性の中で、変化はすることはできるが、それでも当の出来事を同一の出来事のままにしておける特性とは、どんな特性があるだろうか。（……）そのような諸特性の集まりが、ただ一つだけ存在するように私には思える。すなわちそれは、A系列のことばによる、当該の出来事の規定（引用者注：過去・現在・未来という規定）である（p. 460）。

任意の出来事、例えば、アン女王の死を取り上げて、その出来事の特性にどんな変化が起こりうるか考えてみよう。（……）ただ一点だけを除けばどの点においても、同じくその出来事には変化がない。しかし、ただ一つの点で、それはまさに変化するのである。その出来事は、未来の出来事であることで始まって、その出来事は、刻一刻とより近い未来の出来事となり、とうとう現在になった。それから、過去になり、刻一刻とだんだん遠い過去になるけれども、つねに過去のままであり続ける（p. 460）。

この引用箇所から、マクタガートの時間論の特徴を三つ取り出すことができる。

（1）マクタガートは、時間特有の変化と三つの時間様相（過去・現在・未来）とを、一体化したものとして扱っている。

（2）その時間特有の変化を被るという一点を除けば、出来事は同一不変であり続けるとマクタガートは考えている。

（3）その時間特有の変化は、「未来から現在へ」においても「現在から過去へ」においても、どちらも同質的な一つの変化であるとマクタガートは考えている。

どの点についても、すぐに疑問がわく。たとえば、「時間特有の変化」と「過去・現在・未来」という時間様相とは、同一視できるのだろうか。出来事が始まりそして終わるということは、同一不変の出来事とそれに起こる唯一の変化（過去←現在←未来）との組み合わせによって、理解できるのだろうか。未来が現在になることと、現在が過去になることとは、ほんとうに同質的な変化なのだろうか(3)。

ここでは、（2）と（3）に対する、次のような疑問を考えてみよう。「アン女王の死」という同一不変の出来事が、遠い未来から近い未来の出来事となり、とうとう現在の出来事になったという考え方は、どこかおかしいのではないか。つまり、同一不変の出来事が、未来の方から現在へと到来するという考え方は、そもそも根本的な錯誤を含んでいるのではないか。というのも、「アン女王の死」という記述によって、アン女王の死という個別の出来事を指示できるのは、それが起こってしまった後でしかないのだから。

たしかに、「かくかくしかじか」という記述によって、未来を予想したり期待したりすることはできる。しかし、その記述を満たす実際の個別の出来事の方は、まだ生じていない。生じていないからこそ、未来なのである。まだ生じていないのに、それが自己同一性を保ちつつ未来から到来すると考えることは、そもそもできない。「それ」によって指示できるものは存在していないし、「ない」ものが同一不変であることなど意味をなさないからである。

それでは、マクタガートの引用文に表れた未来とは、何だったのだろうか。それは、未来ではなくなった未来、すでに過去になってしまった未来である。これを「過去化した未来」と呼んでおこう。「過去化した未来」においては、未来ではなくなったことを、もう一度未来へと仮想的に位置づけなおすという操作が働いている。「アン女王の死」という出来事は、一七一四年にすでに起こってしまっている。起こってしまった後に初めて、特定の個別的な出来事への言及が可能になるのだから、〈起こってしまった後〉を出発点にするしかない。そこを起点とすることによってのみ、次の段階が可能になる。つまり、もう一度それが起こる前へと視点を戻す。その視点の移動によって、「アン女王の死」という出来事を、これから訪れることとして仮想する。この操作（仮想）を経由して初めて、「アン女王の死」という出来事が未来から現在へと到来すると、考えることができるようになる。

もちろん、「アン女王の死」がそこから到来する未来とは、ほんとうはすでに過去になってしまった未来（過去化した未来）であり、「アン女王の死」がそこへと到来する現在もまた、一七一四年というかつての現在（過去化した現在）にすぎない。いや、だからこそ「アン女王の死」という確定した出来事が、「それ」によって指示されて、未来から現在の方へとやって来るかのように捉えることができるのである。

以上のように、「過去化した未来」とは、起こってしまった後にこそ、そのように起こってしまう前として仮想される未来である。「起こってしまった後にしか仮想しえない」という点では、その未来の「なさ」は、「あってしまった」後の否定――「ある」に包摂される「ない」――として働くしかない。しかしまた、「そのように起こってしまう前として仮想される」という点では、「あってしまう」前の「なさ」――「ある」への包摂を拒む「ない」――が、仮想的にではあるが、働いている。

しかしそれでも、「過去化した未来」においては、〈起こってしまった後〉が〈起こってしまう前〉にどうしようもなく優先する。〈起こってしまった後〉こそが原点であり、〈起こってしまう前〉は、その原点を前提にして仮想するしかない二次的なものである。つまり、通常の「順序関係」には収まらない仕方で、「後」こそが、その「前」よりも絶対的に先立つのである。それゆえ、起こってしまう前の未来の「なさ」――「ある」への包摂を拒む「ない」――も、起こってしまった後に仮想される未来の「なさ」――「ある」に包摂される「ない」――へと吸収されてしまう。こうして、未来は過去と同質的に扱われることになる。「ない」の二重性は、一方の極――「ある」に包摂される「ない」――の方へと潰されて、封じ込められてしまう。

「ない」の二重性のもう一方の極（「ある」への包摂を拒む「ない」）を、過去化した未来の「圧力」から解き放つことはできないだろうか。言い換えれば、過去化していない未来、あとから仮想されるのではない実際の未来については、どのように考えたらよいのだろうか。

三　無としての未来

ブロード（C.D.Broad）の未来観が、有効な手がかりを与えてくれる。『科学的思考 *Scientific Thought*』(4)の第二章「時間と変化についての一般的な問題」の中で、ブロードは次のように述べている。

現在と過去のリアリティは容認するが、未来は端的にまったくないものであると考える。現在にとっては、過去になることによって起こることは何一つない。ただし、存在の新たな一片一片が、世界の全歴史に加わっているという点を除いてであるが。過去は、こういうわけで現在と同様にリアルである。一方、現在の出来事の最重要点は、それが未来の出来事に先行するということではなく、そのような先行という関係を取り結ぶようなものは、まったく文字どおり何もないということである。存在の総量は常に増しつつあって、このことこそが、時系列に順序だけではなく方向も付与するのである（p. 66）。

> 「変化」ということばは、三つの異なる意味で使われ、そのうち三番目がもっとも基礎的であることを、我々は認めなくてはいけないと思う。それは、次のような三種類の変化である。（ｉ）ものの属性の変化。信号燈が赤から緑に変わる場合。（ⅱ）出来事における過去性に関する変化。ある出来事が現在であることをやめ、だんだんと離れた過去へと移っていく場合。（ⅲ）未来から現在への変化（p. 67）。

> 第三の種類の変化を、生成（Becoming）と呼ぼう。（……）ある出来事が生成する場合、それは存在するようになるのであって、その出来事は生成するまではまったく何ものでもなかった。未来の出来事は現在の後に続くものだと言うことはできない。というのも、現在の出来事は、後に続くものがまったく何もないものとして定義されるからである（pp. 67-68. 傍点は原文イタリック）。

ブロードは、このような考察を経て、未来の出来事を「非存在者（non-entity）として、あるいは「リアルでありえない（cannot be real）ものとして考える。それは、マクタガートの「過去化した未来」とは鋭く対比される「無としての未来」である。

このブロードの考え方に、「ない」の二重性という観点を読み込むならば、次のように言うことができる。過去というあり方が含む「なさ」が、「ある」に包摂される「ない」に対応し、無としての未来こそが、「ある」への包摂を拒む「ない」に対応する。

もちろんブロードによれば、現在も過去もリアルであり、未来は端的な無であってリアルではない。

その意味では、現在と過去の両方が「ある」に対応し、未来が「ない」に対応する。しかし、リアルである点では同じ現在と過去にも、もちろん違いがある。現在の出来事は過去のことになる。この変化（ブロードの分類における第二の変化）は、出来事が終わってしまうことに相当する。それは「（今まさに）ある」状態から「（もうすでに）ない」状態への移行である。ということは、現在と過去というリアリティの内で、「（今まさに）ある」から「（もうすでに）ない」への変化が起こっていることになる。「（今まさに）ある」から「（もうすでに）ない」への変化が、「（実在としての）ある」の内に包摂されている。

　この変化（第二の変化）においては、「ない」は、時間的にも論理的にも「ある」に従属する。出来事が生成して「（今まさに）ある」ことになった後でしか、「（もうすでに）ない」へと移行することはできないのだから、「ある」は「ない」に時間的に先立たなければならない。また、「（今まさに）ある」から「（もうすでに）ない」への移行が変化として成立するためにも、出来事は同一不変のまま「ある」という（実在の）次元が確保されていなければならない。つまり、「（実在としての）ある」は、「（もうすでに）ない」に論理的に先立たなければならない。

　一方、無としての未来における「ない」は、「ある」の内に包摂されない。無としての未来は、「（今まさに）ある」ことになる前の「なさ」なのだから、「ない」は「ある」に時間的に先立たなければならない。さらに、無としての未来は、リアルではありえないものなのだから、「（実在としての）ある」に包摂されない外部でなければならない。したがって、無としての未来における「ない」は、時間的にも論理的にも「ある」への従属を拒む。

このようにして、過去化した未来においては封じ込められていた「ない」――「ある」への包摂を拒む「ない」――が、無としての未来においては、もう一度復活する。

四　欠如としての未来

しかし、ブロードにおいて復活している（といま考えた）「ある」への包摂を拒む「ない」、すなわち無としての未来における「ない」は、ブロード自身によって再び封殺されることになる。それは、未来言明の考察において生じる。

ブロードは、次のような問いを立てる。「未来は、それが未来であるかぎり、文字通りまったくの無なのだとすると、未来についてのものだと称する判断については、どう言ったらよいのだろうか」（p. 70）。これは、認識論的な問い――未来について一定の知識を持てるかどうか――ではなく、それに先立つ意味論的な問い――未来言明はほんとうは何について語っているのか――である。

未来は存在しないもの（non-existence）であっても、未来言明は何かについて語る（talk about）ことができる。しかし、未来言明は、何らかの事実を指示する（refer to）ことはできない。いかなる事実も未来には存在しないのだから。それでは、未来言明は、指示することなしに何を語るのだろうか。ブロード自身のことばによって、答えてもらおう。

未来についてのものであると称する判断はどれも、その判断特有のそれ以上分析不可能な二種類の主張を含んでいるように思える。その一つは、生成についての主張である。すなわち、未来についての判断は、さらになお出来事が生成することになると主張する。もう一つは、何らかの特性についての主張である。すなわちこの特性が、これから生成する複数の出来事の中の或る出来事の特性を示すことになると、未来についての判断は主張する。（……）私が提供できる唯一の答えは、こうである。未来についての判断が主張するのは、存在の総量が生成を通して増すことになるということ、そして特性が、生成することになるものの一部分の特性を示すということである。この答えは、未来が存在しないものであることと両立可能である。未来についての判断の「構成要素」は、（……）一定の特性と生成の概念だけなのだから（pp. 76-77）。

この考察に基づくならば、未来言明は、特定の個別の出来事を指示することはできないが、一般的な特性(5)についてと存在量を増やす何らかの生成が起こることについては語ることができる。

未来言明のこの働き方を通して、未来が「ない」ということを考えるならば、次のようになる。未来が「ない」とは、一般的な特性の記述を満たす特定の個別的な出来事が、まだ「ない」ことであり、生成一般を具体的な生成にする特定の個別の出来事が、まだ「ない」ということである。言い換えれば、未来言明に可能なのは、一般的な特性の記述によって、限定された一定の「空欄（空所）」を用意すること、そして、これからの存在量の増大（その空欄が満たされる仕方で増大することもあれば、満たされない仕方で増大することもある）について語ること、この二つのみである。この二つの「能力」を通してこそ、未来言明の「不能」――特定の個別の出来事を指示できないこと――が浮き彫りにされる。すなわち、未来の「なさ」は、未来言明という空欄の「空所性」として、つまり特定の個別の出来事が「欠如」していることとして、浮かび上がる。

一般的な特性の記述――空欄――は「ある」が、それを満たす特定の個別的な出来事――空欄を埋める具体的な中身――はまだ「ない」というのが、「欠如としての未来」である。空欄があって初めて、それを埋める中身の欠如が欠如として見えるようになる。つまり「欠如」は、一般的な特性の記述が「ある」ことに依存している。したがって、欠如という「なさ」は、「ある」に包摂される「ない」に対応する。

ということは、未来についてのブロードの考察自体の中に、「ある」への包摂を拒む「ない」――無としての未来――から、「ある」に包摂される「ない」――欠如としての未来――への移行が含まれていたことになる。存在論的な考察の場面では前者であった未来が、意味論的な考察の場面では後者へと変質している。もしこの二つの場面が密接に繋がっているとすれば、その変質は不可避的に起こる可能性がある。

「未来はまったくの無である」という存在論的な言明と、「明日、雨が降る」という未来言明についての意味論とは、どのように関係しているのだろうか。一つの可能性は、こうである。「まったくの無」とは、「いかなる出来事もいっさい存在しないこと」である。そう考えるならば、存在論的な考察と意味論的な考察は、接続する。なぜならば、「いかなる出来事もいっさい存在しないこと」とは、「個々の特定の出来事が存在しないこと」の総和（Σ）として捉えられるからである。つまり、未来の「無」は、個々の未来言明における「欠如」をすべて集めた、いわば「欠如の全体・総計」のように理解されることになる。このように考えるならば、無としての未来――「ある」への包摂を拒む「ない」――も、もう一度、欠如としての未来――「ある」に包摂される「ない」――の方へと吸収されてしまう。

五　欠如でさえない未来

しかしさらに再び、「ない」の二重性は復活する。それは、「欠如としての未来」に対して次のような疑問を向けることで、明らかになる。未来が「ない」ということは、未来言明の欠如性（空欄の空所性）の「ない」によっては、汲み尽くしえないのではないか。無から有への生成は、一般的な特性の記述が、特定の個別的な出来事によって満たされる／満たされないという変化を、はみ出してしまうものではないか。

この疑問は、ブロードによる未来言明の意味論的考察に対して、次のような修正を迫ることになる。

（1）　生成するのは、特定の個別的な出来事だけではない。記述（空欄）自体も新たに生成しうる。

（2）　記述（空欄）が満たされる／満たされないという生成変化ではなく、その欠如性（空所性）自体が成り立たなくなるという生成変化もありうる。

まずは（1）から。ブロードは、三つの変化（i）ものの属性の変化、（ii）現在のことが過去のことになる変化、(iii) 未来から現在への変化)を区別し、第三の変化をもっとも基礎的な変化(生成)とみなした。生成とは、新たなことが誕生し、存在するものの総量を増加させる変化である。

しかし、新たに誕生するものは、出来事だけではないことに注意すべきである。ブロード自身は、新たな出来事の誕生にだけ着目していたようだが、これまでになかった新たな記述もまた、生成しうることを忘れるべきではない。すなわち、すでに記述があったうえで、それを満たす(あるいは満たさない)新たな個別的な出来事が誕生するだけではなく、そもそもまったく新しい記述自体も誕生しうる。

五　欠如でさえない未来

すでに記述があったうえで、それを満たす(あるいは満たさない)新たな個別的な出来事が誕生する場合には、その未来の「なさ」は、「欠如」として捉えることができる。しかし、記述自体がまったく新たに誕生する場合には、まだその記述自体が存在しないのだから、「欠如」を「欠如」として浮かび上がらせる「空欄(空所)」そのものがまだない。したがって、その未来の「なさ」は、「欠如」としてさえ捉えることができない。欠如自体がまだないのだから、その未来は「欠如でさえない未来」である(6)。

「欠如」という「なさ」は、空欄(空所)があることに依存する。すなわち「ある」に包摂される「ない」である。一方、「欠如でさえない」という「なさ」は、欠如化される前の「なさ」、すなわち「ある」への包摂を拒む「ない」である。こうして、新たな記述自体の誕生を考慮するならば、生成には、もう一度「ない」の二重性が復活する。

次に、(2)である。未来言明の一例として、「明日、雨が降る」を取りあげよう。この未来言明は、ある一般的な特性（雨降り・降雨性などの特性）について語る。これは、個別の具体的な出来事で満たされていない枠組（空欄）を設定することに相当する。さらにこの未来言明は、無（未来）から有（現在）への生成について語る(7)。これは、存在量の増加へと向けて、空欄を開いておくことに相当する。

未来言明には、二値原理の成立・不成立という問題がある。「明日、雨が降る」という言明は、真であるか偽であるかのどちらかであるが、まだ真であるとも偽であるとも決まっていない（とりあえずそう言っておこう）。もし、その前半（真か偽のどちらか）の二値性を根本的なものと見なして、その後半（まだどちらでもない）を、たとえば単に人間の認識能力の制約に由来する二次的なものと考えるならば、未来に対しても（過去に対してと同様に）二値原理は成立することになる(8)。一方、後半（まだどちらでもない）を未来にとって本質的なことと見なして、前半（真か偽のどちらかの）の二値性を、過去にのみ当てはまる原理として格下げするならば、未来に対しては二値原理は成立しないことになる。ブロードの「欠如としての未来」という考え方は、二値原理の不成立の方と親和性を持つ(9)。真・偽を決定するような未来の事実は、単に人間によって知られていないだけではなく、そもそも存在しないのだから、未来言明は真でも偽でもないというわけである。

ここでは、二値原理の成立・不成立の問題には立ち入らない。むしろ、その成立を言うにしても不成立を言うにしても、その両者によって共有され、透明に働いている「前提（ドメイン）」の方に着目したい。そして、そのような前提（ドメイン）の方が無に帰してしまう未来として、「欠如でさえない未来」を考えたい。

「明日、雨が降る」は、真か偽のどちらかである（二値原理成立）か、あるいは真でも偽でもない（二値原理不成立）か、そのどちらかだと考えられている。しかし、未来を問題にするかぎり、そのどちらかでは済まないのではないか。二値原理は成立するかしないかだという二値性（?）自体を、その足下から掬ってしまうことが生成しうるのが、未来なのではないか。

まず、「明日、雨が降る」が真であるとは、その日に実際に雨が降ることであり、「明日、雨が降る」が偽であるとは、その日に雨が降らず、雨以外の天候（たとえば晴れること）が実現することである(10)。この点については、二値原理の成立を言う場合も不成立を言う場合も、特に意見の違いがあるわけではない。両者とも、「明日、雨が降る」が真や偽であるとはどのようなことかの理解は共有しているからこそ、二値原理の成立・不成立について対立することができる。

その真・偽の理解を有意味にしているものは、この例で言えば、「真であるにしても偽であるにしても、何らかの天候・気候は成立している」という前提（ドメイン）である。つまり、二値原理の成立・不成立について対立する両者とも、その前提（ドメイン）をあらかじめ受け入れて、明日も成立するものと見なしている。このように、二値原理は、それが適用される場面に応じて、必ず何らかの前提（ドメイン）を隠し持っている。

しかし、未来（無）から現在（有）への生成とは、まったく新しいことが起こることである。ならば、その前提（ドメイン）自体が成立しなくなるような生成が起こっても不思議ではない。先ほどの例で言えば、通常の天候・気候自体の成立が無意味になるような宇宙規模の消滅が、起こるかもしれない。それにもかかわらず、「明日、雨が降る」の真・偽に焦点を当てる限りは、あらかじめ前提（ドメイン）は受容されてしまい、その前提（ドメイン）を却下するような生成は埒外におかれるし、おかれざるをえない。前提（ドメイン）がことさら意識されず透明に働くことによってこそ、「明日、雨が降る」の真・偽の対比（雨↕それ以外の天気）が、前景化するのだから。

「明日、雨が降る」という未来言明においては、特定の個別的な雨降りや晴天や曇天などの出来事は、「欠如しているもの」として表れる。しかし、通常の天候・気候自体が成立しなくなる出来事（宇宙の消滅など）の方は、「欠如しているもの」としてさえ登場しない。いや、登場しないのでなければならない。したがって、「欠如としての未来」を語る未来言明は、その欠如自体が成り立たなくなる未来（＝前提が却下される未来）を、欠如として語ることはできない。欠如が働くための前提自体が働かない未来が、「欠如でさえない未来」である。

もちろん、当の前提（ドメイン）の方を、新たに未来言明化することはできる。たとえば、「明日、宇宙の消滅が起こる」というように。そうすれば、欠如でさえなかったものが、新たに欠如（空所）となる。しかし、ここでも事情は同じである。「明日、宇宙の消滅が起こる」という言明が真や偽であることを理解するときには、ある前提（ドメイン）があらかじめ受容されている。ゆえに、「明日、宇宙の消滅が起こる」という言明は、その前提（ドメイン）が働かなくなる未来を、欠如（空所）として語ることはできない。

このように、ブロードの考察を修正して、（1）（新しい記述の生成）や（2）（前提が却下される生成）を考慮するならば、欠如（空所）では尽くされない未来の「なさ」が、復活してくることになる。「過去化した未来」は「無としての未来」へと修正され、しかし「無としての未来」は「欠如としての未来」へと変質し、さらにもう一度「欠如としての未来」は「欠如でさえない未来」へと修正される。

この変質と修正の反復において、「ない」の二重性が働いている。

六　「欠如でさえない未来」の再‐過去化と再‐欠如化

この反復は、これまで述べてきたような方向（修正→変質→修正）だけでは、まだ終わらない。「欠如でさえない未来」が、再び「過去化した未来」や「欠如としての未来」へと変質することによって、ループを描くことになる。

「欠如としての未来」から「欠如でさえない未来」へと修正する際のポイントの一つは、「生成するのは、特定の個別的な出来事だけではない。記述（空欄）自体も新たに生成しうる」であった。

しかし、この点に対しては、次のような疑問が生じる。まったく新たに生成する記述（空欄）は、当然今はまだない（あってはならない）。しかもそれは、予想することさえできない新しいものでなければならない。それでもなお、その予想できないものを、「新しい記述の生成」としてあらかじめ語ることができるのは、どうしてだろうか。それは、「新しさ」という特性自体は、もうすでにある特性だからである。すなわち、「新しさ」自体の古さ――「新しさ」という特性自体はまったく新しくはないこと――に基づいているからこそ、「新しい記述の生成」についてあらかじめ語ることができる(11)。

「新しさ」という特性自体は古いということは、「まったく新しい記述の生成」が、これまでにも起こったことがあるということである。実際、私の子供時代には「インターネット」や「クローン人間の臓器を利用した移植手術」という記述さえなかったが、後にそのまったく新しい記述が誕生した（前者の空欄はすでに満たされ、後者の空欄はまだ満たされていないが）。それと同様に、今はまだない新しい記述が生成するかもしれない、と考えることができる。後になって分かるはずの「まったく新しい記述」の新しさを今先取りするかのように語ることができるのは、「新しさ」という特性自体が、「同様に」と見なすことができる程度には古いものだからである。

こうして、「欠如でさえない未来」も「過去化した未来」に似てくる。アン女王の死という出来事がすでに起こっているからこそ、それが未来から到来すると見なすことができたのと同様に、「新しい記述の生成」がすでに起こったことがあるからこそ、そのような新しい記述がこれから生成すると考えることができる。「欠如でさえない未来」も、過去化からまったく自由ではありえないのである。「欠如としての未来」を「欠如でさえない未来」へと修正する際のもう一つのポイントは、「記述（空欄）が満たされる／満たされないという生成変化ではなく、その欠如性（空所性）自体が成り立たなくなる生成変化もありうる」であった。

しかし、この点に対しては、次のような疑問が生じる。「欠如（空欄）を成り立たせている前提（ドメイン）の方が成り立たなくなる未来」という仕方で、「欠如でさえない未来」を切り出すことができてしまうと、それはもうすでに、「（もう一つ別の）欠如としての未来」へと変質しているのではないだろうか。

たしかに、その通りであろう。前提（ドメイン）を言明化することは、それまでは「欠如でさえなかった」ものを、新たな「欠如」として顕在化させることに他ならない。そして、その顕在化は、原理的にはどこまでも続けることができる。しかし、どこまでも続けられるということは、顕在化がどこかで完結することはないということでもある。すなわち、言明化されていない前提（ドメイン）が残り続けることでもある。一つの前提（ドメイン）が顕在化するたびに、別の前提（ドメイン）が潜在し続けると言ってもよい。したがって、「欠如としての未来」と「欠如でさえない未来」はループを形成し、「ない」の二重性が作動し続ける。

これまでの考察の流れをまとめると、次のようになる。①〜⑤は、叙述の順序である(12)。

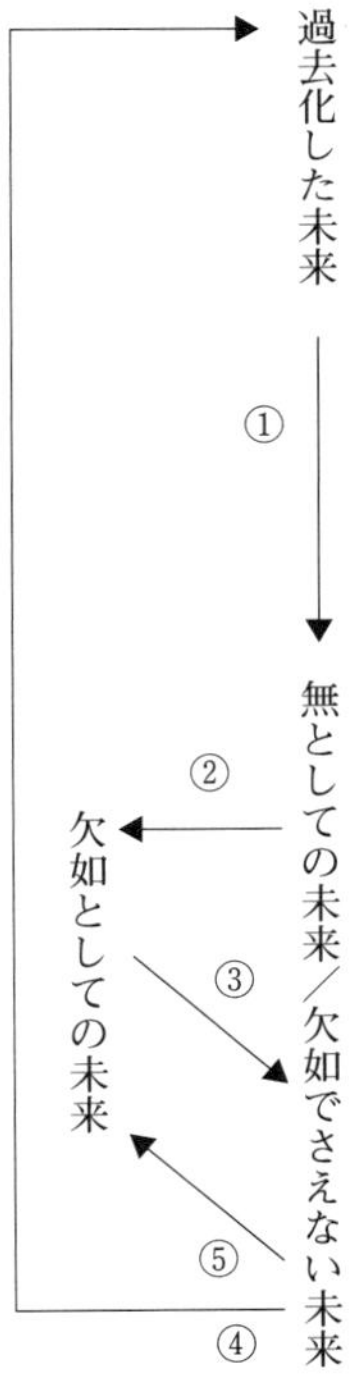

ここまでの結論は、次のようになる。未来は、このうちの「どれか」なのではなくて、「どれでも」であり続ける。そして、「未来はない」とは、このループにおいて、「ない」が二重に（「ある」に包摂される／への包摂を拒む「ない」として）働き続けることである。

七　「無」でさえない未来

最後に、もう一歩だけ考察を進めておこう。一つは、未来とアスペクトについて、あるいはループの中に入ってこない未来について、である。

ループ内を巡る未来は、結局のところ「過去性」を帯びている。過去化や欠如化が回帰してくることによって、未来はすでに終わった何か（あるいはすでにある何か）に似てしまうからである。「過去性」がもっとも際立つのが、マクタガートの「過去化した未来」である。しかし、ループ内を巡る未来は、どの段階においても、「過去性」から完全に自由になることはできない。

この「過去性」とは、過去・現在・未来という時制（テンス）の一項としての過去というより、むしろ完結相というアスペクトに相当する(13)。事象を、始め・途中・終わりに分けることなく、完結した一つの全体として捉える見方（点によって表象される）が、完結相である。それと対比される相は、事象の途中に焦点を当て、まさに進行中として捉える見方——非完結相・進行相——（開線分によって表象される）である。この二つのアスペクトの対照は、整数を一つの完結した全体集合（実無限）として捉えることと、始めも終わりもなく際限なく続いていく系列（可能無限）として捉えることの対照と類比的である。

マクタガートの〈ある出来事Eが、未来から現在をへて過去になる〉という捉え方では、出来事Eは、あらかじめ完結相のもとにある。完結した全体（点）として出来事Eを捉えたうえで、その出来事Eに対して、過去・現在・未来が適用される。だからこそ、未来という時間もまた、すでに終わってしまったかのような様相（過去性）を帯びることになる。さらに、マクタガートは「過去・現在・未来という排反的な特性が両立する」（矛盾！）と考えるが、その「過去・現在・未来の両立」のところに、完結相が入り込んでいる。すなわち、「過去・現在・未来の両立」という契機においては、時間が、見渡し可能な一つの全体と化している。（もちろん、「過去・現在・未来の排反」という契機においては、そのような完結自体が、時間の推移によって流されて不可能になる。「矛盾」は、そのような固定と推移変化との拮抗という場面でこそ、問題になる）(14)。

すでに終わってしまったかのような様相から未来を解放し、新しいものの生成として捉えようとしても、「新しさ」自体の古さや「欠如」の既存性・既定性などが回帰してくる。そのため、未来は、つねに半ば〈終わってしまったもの〉の様相を帯びつつ、ループ内を巡ることになる（もちろん、そのような完結相のもとから離脱しようとする力が、もう一方では働いているのだが）。

結局、未来についてのループとは、〈完結相のもと〉へ包括しようとする力と、そこから離脱しようとする力の拮抗によって描かれていたことになる。その〈完結相のもと〉を離脱しようとする力は、どこへ向かっているのだろうか。それは、もう一つのアスペクト（進行相）の方へではない(15)。むしろ、〈アスペクトをいっさい持たないこと〉へと向かっている。ループの中に入ってこない未来、「無」でさえない未来が、なお残るとするならば、そのような〈アスペクトをいっさい持たないこと〉に対応する。それは、何かとして（「無」としてさえも）捉えることからまったく無縁な未来、どんなあらかじめの構えとも無関係な未来である。

このように、「ない」の二重性は、ループ内を巡るように働くだけではなく、ループ自体から溢れ出るような仕方でも作動する。未来の「なさ」は、「ある」への包摂とその拒否を単純に繰り返すだけではない。「未来はない」とは、包摂／拒否の反復によってループを描くこと自体からそもそも無関係であるほどに、それほどまでに「ない」ということも指し示している。

第三章　過去の過去性

一　はじめに

過去の過去性は、かつてはあったが、いまはもうないという点にあるのだろうか。あるいは、すでにもうその内容は確定していて、変えることなど不可能であるという点にあるのだろうか。あるいは、現在をいまあるようにした原因だという点にあるのだろうか。あるいは、無数の記憶や記録や証拠に基づいて、人々が共同作業で創り上げてきた壮大な「物語」のようなものだという点にあるのだろうか。あるいは……。

もちろん過去の過去性とは、その「どれか一つ」なのではなく、むしろ「どれも」であり、またそれらの複合体でもあるだろう。しかし、不在性や変更不可能性や原因性や物語性やその複合によって、過去の過去性が尽くされるとは言えまい。過去の過去性の中には、まだ顕わになっていない重要なものが残っているように思われる。その点を考察するために、ラッセル（B. Russell）の有名な「五分前世界創造説」と、勝守真の秀逸な論文「想起とそのかなた――大森過去論の批判的読解――」(1)の議論を取り上げよう。両者を並行させて検討し、踏み台として活用することによって、過去の過去性へとさらにもう一歩迫ってみたい。

二　ラッセルの「五分前世界創造説」

まず、一九二一年と一九二七年のラッセルの著作から引用しよう。

記憶‐信念を探究する際に、心に留めておかなければならないポイントがいくつかある。まず、記憶‐信念を構成しているものはすべて、今現在起こっているのであって、その記憶‐信念が指し示しているとされるような過去の時に起こっているのではない。記憶‐信念の存立にとっては、そこで想起されている出来事が実際に起こったとか、いやそのような過去がそもそも存在したということさえも、論理的に必要というわけではない。そこで、次のように仮定することも論理的に不可能ではない。すなわち、実は世界は五分前に、その五分前の時点での姿でそっくりそのまま、しかも、まったく実在しない（それ以前の）過去を「覚えている」という人々を含んだ状態で、突然存在し始めた、という想定である。異なったときに起こる別々の出来事には、論理的に必然的な結びつきはない。それゆえ、今現在起こっていることであろうと、未来に起こることであろうと、どんなことも、世界が実は五分前に始まったのだという仮定を反証することはできない。したがって、過去についての知識と呼ばれるものがあることと、過去というものとは、論理的に独立である。つまり、前者は現在の時点での内容へと完全に分析可能であり、その現在の時点での内容とは、たとえ過去など存在しなかったとしても、現にある内容そのままであることも可能なのである(2)。

(……)懐疑論者が考慮するように強く求める厄介な事柄が一つある。懐疑論者は次のように言うだろう。思い出すという今起こる行為からは、そこで思い出されている事柄が、別のある過去の時に起こったのだということは、決して証明され得ない。なぜならば、世界はそっくりそのままの姿で、五分前に突然存在するようになり、しかもその世界では、思い出すという行為も、まったく誤った仕方で起こっているかもしれないからである。エドモンド・ゴスの父親のような反進化論者たちは、進化論に反対して、懐疑論ときわめて似かよった議論を主張した。彼らによると、世界は紀元前四〇〇四年に創造された。その際にわれわれの信仰を試すために、諸々の化石が忍び込まされた状態で、世界は創造されたのである。世界は突如創造されたのだが、まるで進化が起こっていたかのような状態で、創られたのである。この見解には、なんら論理的不可能性はない。それと同様に、世界は記憶や記録を完璧に備えた状態で五分前に創造されたという見解にも、なんら論理的不可能性はない。それらは、ありそうにもない仮説に見えるかもしれないが、論理的には論駁不可能である(3)。

過去についての様々な証拠（記憶や記録や化石など）は、実在する過去を指し示しているように思える。たとえば、私の幼稚園の頃の思い出は四〇年ほど前のあの過去のことを、ある古文書ならば一〇〇〇年ほど前の過去のことを、ある化石が含む炭素の解析結果は数万年前の過去のことを、告げているように思われる。

そのような「常識」に対して、ラッセルは「非常識な」想定（可能性）を説いている。それらのすべての証拠を含めてこの世界が、ほんとうは五分前に誕生したということも論理的には可能であると言う。五分前に突如存在し始めた世界の中に、その証拠類がすべて今あるのと同じように（古文書はそれなりにボロボロに、炭素14の含有比率は当該年代を表すように）きちんと含まれているならば、「ほんとうのこと」は気づかれることもないし、矛盾も生じない。私たちが「一〇年前……だった」と想起したり信じたりしているこの世界は、たとえそのような一〇年前の過去など（想起や信念の外には）実在していなくても、それでも成り立ちうるのである。

もちろん誤解してはいけないだろう。ラッセルは、過去実在（過去そのもの）が存在しないのではないかという懐疑論を主張したいのではない。ラッセルの意図は、そのような想定が論理的には可能であるということを、想起の分析に役立てることにある。つまり、過去についての想起や信念や知識の分析のために、過去実在（過去そのもの）は必ずしも必要ではないからこそ、過去実在（過去そのもの）は括弧に入れて棚上げにしておいて、記憶－信念の分析に集中できるのである。

しかし、「五分前世界創造説」の想定が指し示しているのは、はたして過去実在（過去そのもの）を括弧に入れ棚上げにしておいてもよいということなのだろうか。この思考実験は、過去についての想起や信念から、とりあえず過去実在を切り離しておくことに成功するのだろうか。むしろ逆に、「五分前世界創造説」の想定は、過去実在を積極的に招き入れることへと繋がってはいないだろうか。つまり、想起や証拠などが表象する過去から、過去実在を引き去ろうとするその想定こそが、むしろ逆に過去実在を呼び出し続け、想起や証拠などを超える位置を与えてしまわないだろうか(4)。

五分前世界創造説においては、私たちの想起や証拠によって立ち現れる「五分前」という過去（五分前^{1}）と、その想起や証拠自体が創造される時としての「五分前」という過去（五分前^{2}）とは、同じように「五分前」と表記されていても、別水準の時間でなくてはならないはずである。

私たちが一〇〇万年の歴史があると思っていることが、実は五分前に突如作られたのだと想定するとき、あたかも一〇〇万年間が五分間に圧縮されるかのように思えてしまうかもしれない。五分とはいっても、私たちの五分とは異なって、まるで時間が二〇万倍速く過ぎるかのように。しかし、それは誤解である。そもそも時間の経過自体に「速さ」など考えることなどできはしないのだから。ということは、「五分前^{1}」と「五分前^{2}」との違いは、同じ尺度のうえで計ることのできる「速さ」の違いなどではありえない。両者は、むしろ異なる水準の（＝そもそも尺度自体が違う）時間でなければならない。「五分前^{1}」と「五分前^{2}」との違いは、通約不可能な差異でなければならない(5)。つまり、「五分前^{1}」は私たちが表象する過去であるのに対して、「五分前^{2}」の方は、そのような過去表象には取り込むことのできない別水準の過去であらざるをえない。

たとえば「一〇〇万年前にマンモスが闊歩していたという証拠を持っているこの世界が、実はその証拠も含めて（その証拠が示す内容等は保存されたまま）、すべて五分前に突然始まった」という想定をする場合には、二つの過去の水準が、右の意味でずれていなければならない。「五分前世界創造説」の想定は、この二つの水準の時間を呼び出してしまうのである。すなわち、過去実在（過去そのもの）をすべて、私たちの表象（想起や信念や知識）の内に回収し位置づけてしまうかのような力を持った想定こそが、逆に、私たちの表象がその中でこそ位置づけられるべき外なる過去（表象外の過去）を、立ち上げてしまうのである。

ラッセルの想定は、「内なる過去時間」を食い破ってしまうような「外なる過去時間」を潜在させていて、それを棚上げしようとすることによって逆に顕在化させてしまう。「五分前世界創造説」が内包してしまうこの「内破性」に近いものを、大森荘蔵の過去論（想起過去説）(6)の中に見出すのが、勝守真の過去論（以下、想起逸脱過去説と呼ぼう）である。

三　勝守真の「想起逸脱過去説」

過去実在（過去そのもの）を括弧に入れて棚上げしておこうとする想定自体が、当の棚上げされるべきものに、実は強く依存してしまう。それと同様に、「想起過去説」を裏づけるべき議論は、当の説自身を掘り崩してしまう発想を含んでいる。そのような想起過去説の逆説的な側面を、勝守の論文は析出してくれる。

まず、批判的検討の対象となる大森荘蔵の「想起過去説」(7)について、次のようなポイントを確認しておこう。

(0)　想起過去説の「敵」とは、「想起とは過去の知覚経験の再現または再生」だという根強い先入観である。
(1)　想起は、知覚とはまったく別種の経験であり、過去形動詞によって表現される言語的経験である。
(2)　想起は、以前の経験のコピーではなく、過去についての最初にしてオリジナルな経験である。
(3)　過去は、想起の外に独立して実在するのではなく、想起経験の中にこそあり、想起される命題の言語的意味の中に実在する。
(4)　過去は、言語的な制作の所産であり、一種の「物語」として特徴づけることができる。
(5)　想起内容の真理性は、対応説的にではなく、整合説的に（過去内整合性と現在への接続によって）成立する。

次に、勝守が想起過去説に見出す疑念とは、以下の点である。想起過去説の内に含まれていながら、しかし想起内容に回収されえないものこそが、焦点である。

(1)　想起過去説には、過去とは言語的な想起内容に他ならないという発想と、過去とは消え失せて跡形もないという発想、この二つの異質な発想が含まれている。後者の発想によって、前者の発想には抵触してしまう「想起内容に収まらない過去の何か」「消え失せて跡形もないと語りうる何か」が、暗黙裏に導入されてしまっているのではないか。

(2)　想起が知覚とは異質な経験であり、想起が知覚の再現・再生ではないことを強調する想起過去説においては、想起と対比される当の知覚とは、「現在の知覚」ではなくて、(「あの」「その」によって指示される)「過去の知覚」でなければならない。しかし、「過去の知覚」は、想起過去説が説く「言語的で非知覚的な想起内容としての過去」からは逸脱してしまう。想起過去説を支えるはずの想起と知覚の対比が、むしろ想起過去説を自壊させるように働くのではないか。

(3)　さらに、このような逸脱を招く想起過去説の中には、時間経験に内在的な視点だけでなく、時間経験の諸様式(知覚・現在と想起・過去)を俯瞰するような超越的な視点が含まれている。そのような視点に立って、あらゆる時点を等しく「今」「現在」でありうるものとして捉える(今の一般化)からこそ、想起内容を逸脱する「過去の知覚」も、「想起内在的な過去」として(現在だった知覚、かつての現在の知覚として)回収できるように思えるのではないか。超越的な視点にたって、「過去の知覚」を「現在の知覚」であるかのように捉え直したうえで、それと「想起」とを対比してしまう。そのことによって、「想起」に対する「過去の知覚」の逸脱的な関係が見えにくくなってしまうのではないか。

勝守は、想起過去説が構造的に含んでしまう「想起内容を超えるもの」のアポリアを、むしろ積極的に生かす方向で、新たな過去観を練り上げようとする。勝守のアイデアの中心部分は、「痛みの想起」の例に即して検討されている。言語的なものとしての想起の一般性と、過去の「あの」出来事の特異性・単独性（singularity）とのあいだでの、逸脱と再回収という力動的な関係が、最重要点である。そのポイントは、次のような仕方で明示化されている[8]。

（1）想起される痛みとは異なるしかたで痛かった
（2）想起される痛みとは異なるしかたで痛みが想起されている
（1′）想起される痛みとは異なるしかたでの痛みとして想起される痛みとは異なるしかたで痛かった

（1）が想起からの逸脱の契機、（2）が想起への再回収の契機である。（1′）は、過去知覚（あの、あの痛み）は、二重化された想起内容からも逸脱することを表している。（1）⇅（2）の力動的な関係とは、「想起がそれ自身とは異質な、それ自身を超える過去知覚と緊張をはらみつつ連結する運動」[9]に他ならない。

　……（1）において想起を逸脱する過去の知覚は、（2）において想起内容へと回収されるが、それに続く（1′）とともにふたたび想起を超出する。このような逸脱と回収との交替は、原理的にかぎりなく反復されうる。このことからすれば、想起内容を超える過去、あるいは想起のかなたの過去は、過去実在論が立てるようなポジティヴな実在でもなければ、大森がいうような「全くの「無」」（『時間と自我』五五頁）でもないことがわかる(10)。

勝守の重点は、（1）のみでも、（2）のみでもなく、（1）⇅（2）の終わりなき対立・相克という動的な緊張関係にある。そして、（1）だけを固定化してしまうことからは、想起からまったく独立の過去実在を主張してしまう「独断的な過去実在論」が、（2）だけを固定化してしまうことからは、過去をすべて想起内容へと内在させてしまう「想起過去説」が導かれると、勝守は診断を下す。こうして、「想起のかなたの過去」とは、想起から独立に存在するのでも、想起に内在するのでもないあり方として描かれる。

勝守によれば、「消え失せて跡形もない」と語れる過去とは、「想起にさいして想起を逃れ去り、想起から消失するというしかたで存在する単独的な過去の出来事にほかならない」(11)のである。このような「想起のかなたとしての過去」は、想起の外部と内部のあいだをたえず「彷徨」するような「亡霊」的な存在なのである、と言われている(12)。

四　「想起逸脱過去」のさらにかなた　想起阻却過去

勝守の「想起逸脱過去説」は、魅力的で示唆に富んだ論考である。しかし、過去の過去性へともう一歩迫るためには、まだ何かが足りない。以下では、その点を考えてみたい。

当然のことながら、想起逸脱過去説においては、二重の仕方で――ポジティヴにもネガティヴにも――「想起」が絡んでくる。一つは「過去」をそもそも立ち上がらせる場としてポジティヴに、もう一つは「過去」がそこから逸脱・超出していくべき、乗りこえられる場としてネガティヴに、「想起」は関わってくる。ポジティヴにであっても、ネガティヴにであっても、「想起」を経由することが、「過去」成立の明示的な条件となっている。想起内容としての過去にとって、想起が必須条件なのは当然であるが、さらに「想起のかなたの過去」にとっても、その「かなた」が「かなた」として成立するためにこそ、乗りこえられるべきものとして、「想起」が必要とされるのである。その点を定式化するとすれば、次のようになるだろう。

（A）　想起がなされるならば、その想起内容としての過去が立ち現れる。
（B）　想起がなされるとしても、その想起内容としての過去を超出する過去がつきまとう。

もちろん、（A）と（B）は逸脱と回収の動的な緊張関係においては、一体化している。ただし、ここで注目しておきたいのは、「想起がなされるならば」「想起がなされるとしても」という部分である。この条件部分を明示的に経由することが、逸脱と回収の反復運動の蝶番のような役目を果たしている。想起過去説でも想起逸脱過去説でも、「想起」が果たす役割は、「なされるならば（if）」と「なされるとしても（even if）」の差はあるとしても、一次的・先行的であることに変わりはない。

この（A）や（B）に表れた「想起」の先行的な条件機能に、疑問を向けることができる。はたして過去存在は、そこまで「想起」に依存的なものなのだろうか。「想起」の関与は、それほど明示的に「条件」なのだろうか。忘却したことさえ忘れてしまった過去、決して想起されることのなかった過去、あるいはどうしても想起しえない過去、そもそも想起されることと無縁の過去というような過去存在は、ほんとうに無意味なものなのだろうか(13)。つまり、過去存在は、「想起」への依存からはもう少し切り離されたものであり、「想起」という条件―― if や even if ――は自ら背後に退くようなものではないのだろうか。そのような疑問である。

そのように考えてしまうと、「独断的な過去実在論」へと戻ってしまうことになるのではないか、と危惧されるかもしれない。しかし、そうはならない。というのも、「想起」が明示的な経由条件となること（すなわち（A）や（B））と、過去存在を「想起」から独断的に（端的に）切り離してしまうこととのあいだには、すなわち想起逸脱過去説と独断的な過去実在論とのあいだには、まだどちらにも属していない「余地（隙間）」が残されているからである。

この「余地（隙間）」を明確にするために、想起の「自己阻却（self-cancelling）」という考え方を導入しよう。想起の自己阻却とは、「想起」という先行条件は、逸脱と回収の反復運動のさらにその先において、むしろ「たとえ想起がなされなかったとしても」という自身を棄却する仮想的な条件へと転化するという考え方である。この点を定式化するならば、以下の（D）や（E）のようになるだろう。

まず、（A）⇅（B）の動的な緊張関係は、まとめると（C）のように表せる。

（C）どんなに想起を反復したとしても、それをも超出する過去がつきまとう。

つまり、想起を無限に繰り返したとしても、想起内に包摂しえない「あの過去」がどこまでも残存し続ける。そして、どんなに取り込もうと繰り返しても、それでも取り込み不可能なのだとすると、始めから取り込めないものだったのではないか。ならば、仮に「あの過去」を想起することなどそもそも起こらなかったとしても、その当の残り続けるもの（あの過去）は、その想起の有無にかかわりなく、やはりあらかじめあったことになるのではないか。

このように、「どんなに想起を繰り返したとしても、その外に残存してしまう」は、「たとえ仮に想起が行われなかったとしても、それとは無関係にもともとある」へと反転接続する。「想起」の反復の「かなた」を織り込んだうえで、始めの「想起」へと遡行して、その「想起」がたとえなかったとしても……というように、自身の棄却へと一巡する。いわば、「想起」は最終的には退場し、「かなた」のみが（もう「かなた」という言い方はふさわしくはないのだが）、残存することになる。それが、次の（D）に相当する。

（D）たとえ想起がなされなかったとしても、想起のかなたの過去はあらかじめあったことになる。

（D）が示す「逸脱」は、「想起からの逸脱／想起のかなたへの逸脱」ではなくて、「想起からの逸脱自体からの逸脱」あるいは「想起以前への逸脱」である。この点をさらに明示化すると、（E）のようになる。

（E）　たとえ想起がなされなかったとしても、逸脱－回収の反復自体を逸脱している過去が、すなわち想起以前の過去が、あらかじめあったことになる。

「想起がなされるとしても、その想起を逸脱する過去がどこまでもつきまとう」という反復を経由して、「たとえ想起がなされなかったとしても、そのなされなかった想起以前の過去が、あらかじめあったことになる」へと接続する。すなわち、「想起」はポジティヴな条件やネガティヴな条件として働くだけでなく、さらに（事後的で仮想的にではあっても）自らを棄却して退場するところにまで進む。（D）や（E）のように明示される事態は、先述の（1）（2）（1′）と関連させて言うならば、次のような（0）段階以前へと遡行しようとすることに等しい。

（0）　痛かった
（0′）　痛かったと想起される
（1）　想起される痛みとは異なるしかたで痛かった
（2）　想起される痛みとは異なるしかたで痛みが想起されている
（1′）　想起される痛みとは異なるしかたでの痛みとして想起される痛みとは異なるしかたで痛かった

たしかに、(0)のように表示する時には、すでに(0′)のように想起がなされてしまっている。しかし、そのすでになされてしまっている想起から逸脱するものとして「あの痛み」があったはずである(=(1))。さらにそのようなものとして想起されてしまうこと(=(2))からも、「あの痛み」は逸脱する(=(1′))。以下、原理的には無限に続く。この終わらない「逸脱」が目指す先とは、どこだろうか。それは、反復の先の遠いかなたではなく、反復がそもそも始まらない地点(=(0)という段階あるいはそれ以前)である。

(0)とは、(0′)から「想起」を抹消しても成り立っているはずの過去——たとえ「痛かった」と想起されなくとも、痛かったはずの過去——である。だからこそ、(0)は、(0′)「痛かったと想起される」と単に同じなのではない。あくまで端的に「痛かった」はずなのである。

しかしそれでも、(0)「端的に痛かった」ことと(0′)「痛かったと想起される」こととは、内的に繋がってしまう。どんなに想起を阻却し抹消しようとしても、「痛かった」という記述(0)には、どこまでも「想起」が重なっている。いや、その「記述」こそが、そもそも「想起」に他ならない。勝守が述べた逸脱と回収の反復運動は、「想起阻却」と「想起」との間——(0)と(0′)との間——でも生じる。つまり、「痛かったと想起されるのではない痛かった」もまた、そのように想起されてしまう。さらに、「痛かったと想起されるのではない痛かったと想起されるのではない痛かった」もまた、そのように想起されてしまう。これが、(0)と(0′)の間で生じる「想起阻却と想起との反復」である。

しかしだからこそ、このように（0）と（0′）を反復するだけでは、「想起の自己阻却」としてはまだ不十分である。「想起阻却」のプロセスには、まだ先がある。つまり、（D）や（E）で示された、想起以前へと遡及しようとする力（想起の自己阻却）は、（0′）から（0）段階への遡行を繰り返すだけでは終わらず、さらにそれ以前へと遡行しようとする。想起の退場が完了するのは、（0）のような特定の記述（「痛かった」）もまた、想起の阻却とともに消えることによってである。

たとえば、「φだった」と今想起しているとする。φという過去の出来事は、想起を逸脱する特異性・単独性を持つ。これが、想起逸脱過去説であった。そして、たとえその想起がなされなかったとしても、φという過去の出来事はあったはずである。これが、想起阻却過去説の第一段階である。そしてさらに、その阻却とともに、想起と一体化した記述（φ）もまた阻却される。過去の出来事は特定の記述を失って、「（　）だった」という不特定の過去性のみが残存する。想い出せなくても、想い出さなくとも、忘れたことさえ忘れていても、とにかく何らかの過去が（特定されなくともシンギュラーな過去が(14)）があったはずである、ということになる。これが、想起阻却過去説の第二段階である。「想起の自己阻却」とは、過去X——特定の内容を持たない過去としての過去——へと向けて自身を退場させていく運動なのである。

ただし、「過去としての過去——過去X——」にまで遡ることは、「独断的な過去実在」へと戻ることと同じではない。過去Xは、端的な過去実在ではない。なぜならば、過去Xは、あくまで「想起」を経由したうえでの事後的で仮想的な収束点であって、「想起」から端的に独立なわけではないからである。過去Xの実在性とは、独断的なものではなくて、事後的にあらかじめあったことにされるも

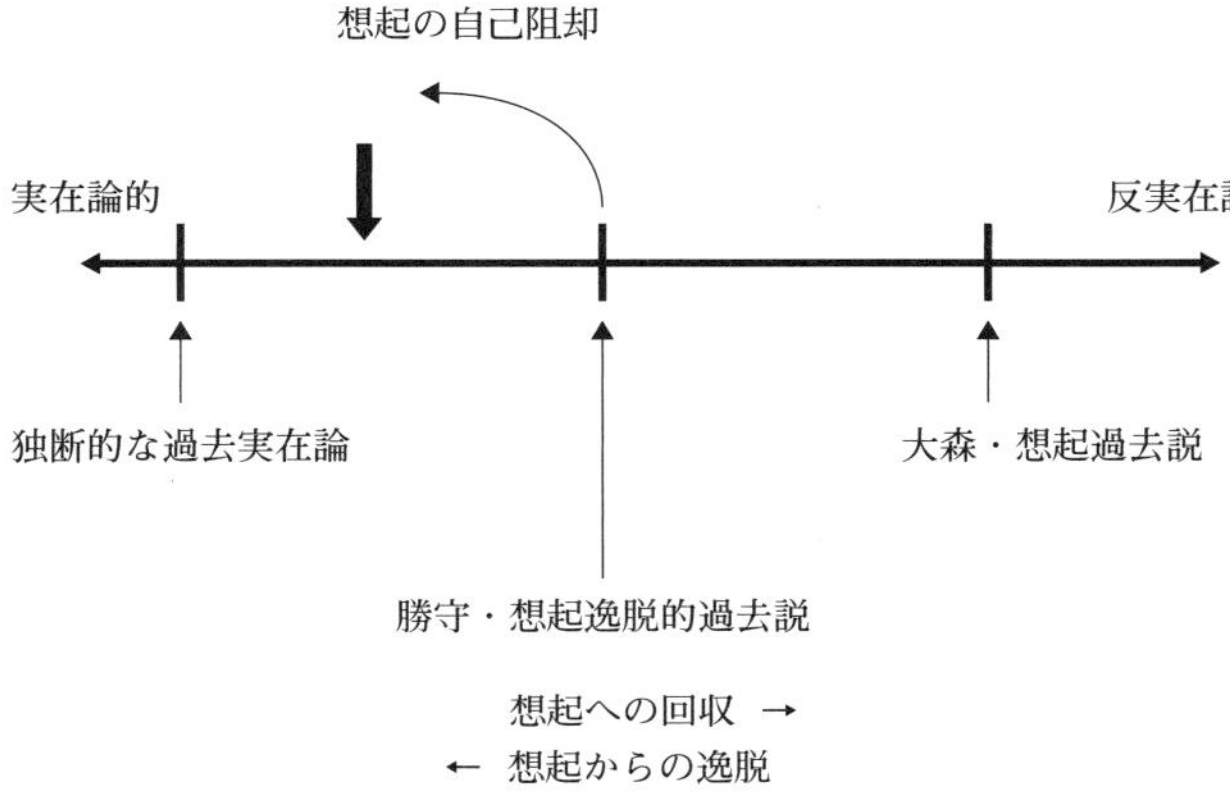

のであり、かつその事後性（＝想起経由）がなかったことにされることで成り立つものである。

また、「想起阻却過去説」は、「想起逸脱過去説」とも同じではない。なぜならば、「想起を逸脱し続ける過去」から、事後的仮想的にではあっても、その当の「想起」を引き去り、なかったことにするからである。つまり、過去存在を、もう一歩だけ想起より遠ざける。しかも、想起よりさらに遠ざけられた過去存在とは、特定の出来事ではなく、むしろ特定の内容を持たないにもかかわらず特有の実在性を帯びてしまう過去――過去としての過去――である。

それでもなお、次のような疑問を持たれるかもしれない。想起と想起からの逸脱と、さらに想起の阻却を経由するとはいっても、結局のところ過去Xは、独断的な過去実在と変わらないのではないか。どのような経路を辿るかとは独立に、行き着く地点は同じことになるなのではないか。

もっともな疑問であるが、重要なのは、その「運動」（経路を辿ること自体）と「到着点」とは決して切り離せるものではないということである。言い換えれば、想起と想起からの逸脱と想起の阻却という運動を繰り返すことと、過去Xの特有の実在性とは別のものではありえない。過去が想起から切り離されていく運動があるのであって、その運動から独立に過去実在が控えているわけではない。

想起逸脱過去は、勝守によって「亡霊」に喩えられている。この点を引き継ぐならば、想起阻却過去とは、「亡霊のように死んだ人の霊」あるいは「かつては生きていた人の霊」というのではなく、「そもそも生まれなかった者の霊」あるいは「一度も生きていない者の霊」に相当するだろう。それは、「亡霊」ではなくて「未生霊」とでも呼ぶのがふさわしい。こうして「独断的な過去実在論」でも「想起逸脱過去説」でもなく、むしろその両者の中間の余地（隙間）に、過去性のさらに深まった過去（想起阻却過去）が位置づけられる。こうして過去は、想起過去、想起逸脱過去、そして想起阻却過去へと三重化する。この考え方を、ラッセルの五分前世界創造説へと相関させてみよう。

五　再び「五分前世界創造説」へ

五分前世界創造説は、過去という時の二重化を含んでいた。「一〇〇万年前にマンモスが闊歩していたという証拠を持っているこの世界は、すべて五分前に突然始まった」という想定では、この世界の内なる過去（一〇〇万年前）と、この世界の外なる過去（五分前）とに、二重化していた。一〇〇万年前と五分前とはいっても、両者は同一の時間尺度の上にはない。つまり二つの過去は、同一の時間軸上に位置する、遠い過去と近い過去という関係にはない。通約不可能な二つの水準へと分肢することによって、五分前世界創造説の想定がなされていた。

「五分前」という言い方は、まるでこの世界の内なる（私たちが表象できる）時間の「五分前」であるかのように思わせる。しかし、世界創造の時である「五分前」は、この世界内で表象される「五分前」とは尺度そのものを異にするのでなければならない。あるいは、世界創造の時である「五分前」もまた、この世界内で表象される「五分前」の水準へと同化されてしまうのならば、「実は五分前に世界全体が創造された」というその表象自体が、実は（その「五分」とは尺度そのものを異にする）別の「四分前」に創造された可能性が立ち上がることになる。つまり、かりに「五分前」を内なる過去へと回収しても、さらに外なる過去の水準が、別途再び出現する。「五分前」にしても「四分前」にしても、その数値自体に特別な意味はない。通常の時間感覚をまるで「圧縮」するかのような素振りを媒介にして、別水準の時間の可能性が開かれてしまうことが、重要なのである。

五分前世界創造説における「内なる過去」が、想起逸脱過去説における「想起過去」に相当し、世界が創造された「五分前」という「外なる過去」が、「想起逸脱過去」に相当する。ラッセルの想定は、一見荒唐無稽な（あるいは無意味な(15)）思考実験のようにも見えるが、実は過去のあたり前の姿（過去の想起逸脱的なあり方）を印象的にデフォルメしたものだと考えることもできる。

想起逸脱過去説と五分前世界創造説の比較を、もう少し続けよう。想起逸脱過去説においては、想起内容としての過去とそこから逸脱するシンギュラーな過去とは、同一の記述を共有していた。たとえば、「「痛かった」」と想起される痛みとは異なるしかたで痛かった」のように、想起内容とそこからの逸脱する過去とは、ともに「痛かった」という同じ記述を共有している。あるいは、そもそも「痛かった」という一つの記述が、言語的一般的な想起過去とシンギュラーな想起逸脱過去の二つを（両者のずれを）内包している。

一方、五分前世界創造説の方は、どうだろうか。たしかに、その想定を印象深くするためには、私たちが知りうる内なる過去の履歴内容と、外なる過去実在の実態とは、大きく違っている方が、お話し（思考実験）としては効果的だろう。たとえば、私たちが知っている五分前の過去とは違って、外なる実在する過去の五分前は、そもそもまだ太陽系すら存在していない暗黒の宇宙である……というように。

しかし、そのような内容的な相違・ずれは、本質的なものではない。想起過去と想起逸脱過去とのずれが「一つの記述」の中に含まれていたのと同様に、内なる過去の五分前と外なる過去の五分前が同じ記述を共有していても、すなわち内なる過去と外なる過去で内容的な相違・ずれがなくても、かまわない。この世界の履歴内容が、実は五分前にいっきょに創造されたもので、しかもその創造以前の外なる過去の履歴内容が、たまたまこの世界の五分前以前の履歴内容と一致していたとしても、五分前世界創造説はその意義を失うことはない。重要なのは、別水準の二つの過去へと分肢すること自体であって、その二つの過去（内なる過去と外なる過去）の内容が同じか異なるかではない。言い換えれば、五分前世界創造説のような「突飛な」内容の想定をしなくても、すなわち私たちが過去だと思っている通常の内容をそのままにしておいても、そこに「通約不可能な二つの過去」を読み込むことは、可能だということである。一つの通常の過去内容にさえ含まれうる二つの別水準の過去こそが、「想起過去」と「想起逸脱過去」とのずれに対応するのである。

しかしなお、想起逸脱過去説と五分前世界創造説には、決定的な違いがあるのではないかという疑問がわくかもしれない。というのも、次のように考えられるからである。想起逸脱過去説では、あくまで通常の意味での「ただ一つの時間の流れ」が温存されていて、その「ただ一つの時間の流れ」の内部おいてこそ、二つの過去（想起過去と想起逸脱過去）の存在位相のずれが設定されているだけである。大きな意味では、過去はただ一つなのであって、「想起過去」と「想起逸脱過去」は、そのひとつながりの過去の中での下位区分である。一方、五分前世界創造説では、「ただ一つの時間の流れ」という考え方自体が拒否され、一つの時間の流れ自体に亀裂が走るはずである。二つの別水準の過去の可能性を開くことによって、時間における「繋がり」ではなく「断絶」が浮かび上がる。この点で、両者は決定的に違うのではないか。そのような疑問である。

この違いは、見かけ上のものにすぎない。というのも、想起逸脱過去説においても、その説に含まれる「今・現在」のあり方に着目すると、そこにはむしろ、「ただ一つの時間の流れ」に亀裂を生じさせる力が含まれているからである。見かけとは違って、想起逸脱過去説においても、五分前世界創造説と同様の「時間の断絶」を読み取ることができる。

たしかに、「痛かった」と今想起するときには、現在と過去がつながり、「ひとつながりの時間」が成立しているように思われる。この「ひとつながりの時間」を可能にしているのは、どの時点も等しく「現在」あるいは「過去」として捉えることのできるような脱時間的な視点である。あるいは、自由に時間的な視点を移動できるかのように設定される仮想的な視点である。「痛かった」という想起には、過去を現在視する視点（「あの時には現在だった痛み」のように）がすでに含まれている。想起するとは、現在と過去とを区別しつつ繋げることであり、そこには脱時間的な視点・仮想的な視点がすでに入り込んでいる。勝守は、大森の「時間を超越した視点」を批判しているが（そしてその指摘は正しいが）、「想起」が「かつては現在だった過去」を志向するものであるかぎり、過去と現在を重ね合わせて見ること、すなわち最低限の「俯瞰」をすること（超越的な視点をとること）は、「想起」の成立に必要不可欠なのである。

「想起」は「ひとつながりの時間」を呼び込むが、しかし「想起逸脱」の方は、むしろ「ひとつながりの時間」に亀裂を生じさせる。というのも、「逸脱」とは、「あの時に現在だった痛み」が「想起されたものとしての（現在からふり返った）過去の痛み」とぴったりとは重ならないということなのだから。言い換えれば、過去が「まさに現在である」その時点は、「かつて現在だったもの」として今ふり返られた場合のあの時点とは、（同一の時点であるしかなくとも）決定的に断絶しているということである。現実的な現在と可能的な現在との決定的な落差といってもよい(16)。いわば、「かつての現在（の痛み）」と「いま現在（の痛み）」とは、「現在」「痛み」という同じ名で呼ばれていても、そもそも同一の尺度の上（ひとつながりの時間）にのせることはできないくらいに別ものであるということである。

こうして、想起逸脱過去説にも、異なる水準の二つの時間（かつての現在といま現在）が含まれざるをえない。両者の隔絶は、「想起過去」と「それを逸脱する過去」とのあいだの隔絶と同じものである（ただし、そのように「隔絶」どうしを重ねてしまうと、過去と現在を俯瞰して重ね合わせる視点が、再び回帰して来ざるを得ないのだが）。そしてそれは、五分前世界創造説に含まれる二つの別水準の過去の隔絶に匹敵する。したがって、五分前世界創造説と想起逸脱過去説とは、「ただ一つの時間の流れ」に亀裂を生じさせるという点においても、見かけほど異なっているわけではない。

さてそれでは、想起逸脱過去説における想起からの逸脱と想起への回収という反復運動は、五分前世界創造説においては、どのような事態に対応するのだろうか。そしてさらに、「想起阻却過去」は、五分前世界創造説の中にどのように読み込まれうるのだろうか。

五分前世界創造説には、次のような二つのタイプの反復を想定することができる。一つは、私たちの過去表象のすべてが実は五分前に造られたものだということもまた、実は私たちの過去表象の一部なのであり、それを含めてすべてが、ほんとうは四分前に造られたものだという想定である（第五節の第二段落を参照）。これは、表象と実在が包含－逸脱を繰り返すタイプの反復である。もう一つは、私たちの過去表象の全体は、五分前に一度だけ創造されたのではなくて、実は各瞬間ごとにそのつど新たに創り出されているという想定である。これは、〈世界が持続して存在するのは、神が最初の創造の時だけではなく、各瞬間ごとに新たに創造する力を働かせていることによってである〉というデカルト的な連続創造説タイプの反復である(17)。

神による五分前のあるいは各瞬間ごとの創造のおかげで、私たちは過去表象を持つ（想起する）ことができている。そしてさらに、過去表象を持つ（想起する）ことが可能だからこそ、その過去表象（想起）から逸脱する過去実在についても、「その表象とは異なる水準の」という「逸脱的な」仕方によって、想定することはできる。しかし、神による創造がそもそも起こらなかったとしたら、どうなっているだろうか。この反実仮想的な想定が、「想起阻却」に相当する。もちろんその場合には、私たちは過去表象を持つ（想起する）ことがない。さらに、「その表象とは異なる水準の」という仕方によっては、逸脱的な過去実在を想定することもできない。逸脱の対象＝「その表象」が、そもそも創造されていないのだから。

　神による創造がそもそもなされなかったとしたらという想定は、「五分前」という過去から、「内なる過去」の意味も「外なる過去」の意味も剥奪するように働く。「内なる過去」ならば、私たち知っているあの「五分間」だけ遡った時点が「五分前」であり、「外なる過去」ならば、それとは別水準の尺度での（私たちには表象することのできない）「五分間」だけ遡った時点が「五分前」である。しかし、そもそも神による創造がなされていない「五分前」とは、もはやそのような仕方では「遡る」ことが想定できないのでなくてはならない。つまり、創造以前としての「五分前」という過去は、「（いかなる尺度でもいいが）ある時間分だけ」遡れば辿りつけるような過去ではなくなる。いわば、どんな尺度によっても辿りつくことができない過去である。それは、どんな特定の時間尺度の中での位置づけも失ってしまった過去であり、現在だったということが想定しえない過去（過去でしかありえない過去）である。

　こうして、五分前世界創造説の中に「想起阻却過去」を読み込むならば、内なる過去表象でも外なる過去実在でもない、その両者（の差異）の創造以前としての過去（過去よりも古い過去）に突き当たる。そのような過去は、「無からの創造（creatio ex nihilo）」の「無」に相当する過去である。第三節で見た過去X——特定の内容を持たない過去としての過去——とは、そのような「無」の別名だったのである。ここでもまた、「そもそも生まれなかった者の霊」あるいは「一度も生きていない者の霊」、「亡霊」ではなくて「未生霊」という比喩が、ふさわしい。

六　重層性と受動相

過去の過去性とは、想起過去・想起逸脱過去・想起阻却過去という三層が織りなす重層性である、というのがここまでの結論である。三層をこのように辿ることは、過去存在のあり方を、構成的・反実在論的なポジションから実在論的なポジションの方へと、いくらか引き戻す運動に相当する（七五頁の図を参照）。過去存在は、実在論的なのか反実在論的なのかという問いに対しては、一義的に答えるべきではない。スペクトル内の或る範囲を辿る「運動」によって示される過去の「厚み」、それが答えである。

想起過去は、「言語的な制作」や「物語」という言い方にも表れているように、私たちの側からの構成的な関与、能動的な関わりによって成り立っている。それに対して、想起逸脱過去は、そのような能動性の挫折・頓挫に相当する。というのも、想起による過去の捕捉という能動的な関わりがつねに失敗してしまうものとして、またそういうものとしてのみ、シンギュラーな過去は「亡霊のごとく彷徨する」からである。能動的な関わりとその不全の両方によってこそ、想起逸脱過去は立ち現れる。ということは、想起過去も想起逸脱過去も、能動性とその頓挫という違いはあっても、現在を起点として過去の方を捕捉しようとするという意味での能動性のベクトル自体は、基本的には共有していることになる。

一方、想起阻却過去は、現在を起点としてそこから広がる時間的なパースペクティヴの中に位置づけられない過去であった。したがって、上記のベクトルを共有しえない。あるいは、そのベクトルを共有してしまうと、想起阻却過去（第三層）は想起逸脱過去（第二層）へと差し戻されてしまう。第三層の過去とは、現在の方からはけっして迫る術がない過去なのである。

現在という起点からは接近のしようがないにもかかわらず、その接近不可能な過去（創造以前の「無」）から、なぜだか現在という起点（この世界）が誕生している。言い換えれば、現在から発している能動性のベクトル自体が（能動的な関わりも、それにともなう挫折・頓挫も）、そのベクトルの及ばない「無」の方から受動的に生み出されている。「過去を想起する」ようになぜだかさせられているし、「その想起を逸脱する過去を思う」ようになぜだかさせられている。想起阻却過去（第三層）にまで投錨しようとすると、能動／受動の相が、こうしてすべて反転する(18)。

そのように反転した相で見るとき、想起とそこからの逸脱を繰り返すことは、まるで反復強迫であるかのように、むしろそう強いられているように見える。忘却したことさえ忘れてしまった過去、決して想起されることのなかった過去、あるいはどうしても想起しえない過去、そもそも想起されることと無縁の過去、そのような過去の方から、私たちは想起と逸脱を反復することを、むしろ強制されている。

勝守によれば、「消え失せて跡形もない」と語れる過去とは、想起から逃れ去るシンギュラーな過去の出来事であり、それはポジティヴな実在でもなければ、全くの「無」でもなく、「不在という存在」であった。しかし、想起阻却過去（第三層）の方は、「かつては現在だった」という想定ができない過去であり、「不在という存在」ですらない。それは、「消え失せて跡形もない」のではなく、「そもそも生まれ出ることのなかった」過去である。こうして、過去の重層性を辿ることは、「不在」以上の「無」へと接近することであり、それはまた受動の相の下へと反転することでもある(19)。

第四章　時間と矛盾　マクタガートの「矛盾」を書き換える

一　「時間と矛盾」という問題

時間は、矛盾というものの内側にくい込んでいる。矛盾というものを成立させる束縛条件の一つであるという仕方で、あるいは矛盾というものを流し去る解除装置という仕方で。

周知のように、相反することが共起してしまうことが「矛盾」である。たとえば、「PでありかつPでない」というように。ただし、ある観点から「Pであり」、別の観点から「Pでない」というのは、なんら矛盾ではない。あくまで同じ一つの観点から「PでありかつPでない」場合に限って、矛盾となる。また、同じ一つの観点からであっても、ある時に「Pであり」、また別の時に「Pでない」というのも、なんら矛盾ではない。あくまで同時に（一挙に）「PでありかつPでない」場合に限って、矛盾となる。すなわち、「同じ一つの観点から」「同時に（一挙に）」であることが、矛盾となるための束縛条件である。矛盾というものの発生には、「同時性（一挙性）」という時間的な束縛が課されている。

あるいは、この「同時性（一挙性）」は、むしろ時間の抑圧の結果であり、時間を強引に捨象したところに現れる「抽象的な無時間性」に等しいと言うべきなのかもしれない。というのも、絶えず過ぎ去る時間は、「同一」や「一挙」というような固定性や全体性そのものを、虚しく突き崩してしまう力を持つはずなのだから。その意味では、時間は、矛盾というものの発生基盤を流し去り、解除してしまう当のものである。ある瞬間に「Pであり」かつ次の瞬間には「Pでない」というように、時間の介入によって矛盾は無害化される、というだけでは済まない。「Pである」という同一性そのものが、そもそも（時間を貫いて）成り立つのかどうか。その同一性を、時間が過ぎ去ることは危うくする。また、矛盾（PでありかつPでない）を支えるはずの「抽象的な無時間性」も、時間が過ぎ去ることの強力さに晒されるならば、その成立が疑わしくなるかもしれない。このように、矛盾は時間によって脅かされている。

それとは逆方向に考えた人がいる。時間というものの内側に矛盾がくい込んでいて、時間は矛盾によって脅かされているのだと。それは、二十世紀英国の哲学者マクタガート（J.M.E.McTaggart）である(1)。彼は、矛盾という棘が、時間というものの奥深くに突き刺さっていて、時間のリアリティを台なしにすると考えた。

時間は矛盾を含むので、実在的（リアル）ではありえないと、マクタガートは考えた。過去・現在・

未来という時間が、焦点となる。どんな出来事であっても、まだ始まっていない未来のことであるという様相、まさに起こっている現在のことであるという様相、もう終わってしまった過去のことであるという様相、この三つの様相をすべて持たなくてはならない。どれか一つ（あるいは二つ）の様相しか持たないような出来事など、ありえない。しかし、三つの様相のうちの一つが現に成り立っているならば、他の二つは排除されているのでなければならない。たとえば、ある出来事Eが「まだ始まっていない未来のこと」であるならば、その出来事は現在のことでも過去のことでもない。そうすると、こういうことになる。どんな出来事であっても、互いに他を排除し合う三つの両立不可能な様相を、すべて持つのでなくてはならない。言い換えれば、出来事について、過去・現在・未来という三様相は、両立不可能かつ両立可能でなくてはならない。これは、矛盾ではないのか。過去・現在・未来という時間が、このような矛盾を含むのならば、実在的（リアル）であることはできない。実在的（リアル）なものは、無矛盾のはずなのだから。マクタガートは、そのように考えた。

要するに、時間は矛盾の成立を危うくし、矛盾は時間の実在性を危うくしている。あたかも時間と矛盾は、互いを亡き者にしようとしながら噛みつき合って、身動きがとれなくなっている二匹の蛇のようである。本章は、このような「時間と矛盾」という問題に、或る別の見方を与えることを試みる。それは、矛盾が時間によって脅かされるのでも、時間が矛盾によって脅かされるのでもなく、むしろ或る種の矛盾こそが、時間の過ぎ去りを構成する当のものであるという見方である。この見方へと接近するために、マクタガートの「時間の非実在性の証明」を取り上げ、その証明の失敗を精査し、マクタガートの「矛盾」を別のものへと書き換える。これが、本章の課題である。

二　マクタガートの証明と本章の論点

マクタガートによる「時間の非実在性の証明」は、次のような手順で行われている(2)。

（1）時間を、A系列（過去・現在・未来による系列）とB系列（以前・以後による系列）という二つの系列へと切り分ける。

（2）「時間特有の変化」に注目することによって、A系列の方が時間にとって本質的であると論じる。

（3）A系列は矛盾を含むということを、想定反論者（矛盾しないと反論する者）の議論を循環や無限後退に追い込むことによって示す。

（4）時間にとって本質的なA系列が矛盾を含むのだから、時間は実在的（リアル）ではないと結論する。

三点だけ補足をしておこう。（2）の「時間特有の変化」とは、通常「時の流れ」「時間が過ぎ去る」等の言い方で考えられていることに等しい。（3）の「A系列は矛盾を含む」ということの内実は、第一節で述べたように、「出来事について、過去・現在・未来という三様相は、両立不可能かつ両立可能でなくてはならない」というものである。（3）の後半部分が述べていることは、「過去・現在・未来という時間は矛盾しないことを示そうとしても、矛盾はどこまでも回帰してきて、矛盾からは逃げ切れないのだ」ということに等しい。

マクタガートの証明は失敗していると、私は考えている。しかし、私が言いたいことは、「（マクタガートの証明に反して）A系列は矛盾を含まず、A系列の時間は実在的である」ということでも、「（マクタガートの証明に反して）B系列こそが時間にとって本質的であり、B系列の時間は実在的である」ということでもない。むしろ、マクタガートの「失敗」自体のうちにこそ、「時間における矛盾」というアイデアによって言うべきだったことが、まだ埋もれて残っていると考えている。そこで、マクタガートのいくつかの「失敗」を検討することを通じて、マクタガートとは違う形で、「時間における矛盾」を掘り起こしてみたい。その際、次の四つが主な論点となる。以下、この順序で論じる。

論点（1）　A系列とB系列は、二つの別個の系列か。
論点（2）　時間系列外のXは、どのように働くか。
論点（3）　時間特有の変化は、どのように特異か。
論点（4）　矛盾は、どこに見いだされるべきか。

三　A系列とB系列は、二つの別個の系列か

マクタガートは、「証明」の第一段階として、時間を二つの系列――A系列（過去・現在・未来による

系列）とB系列（以前・以後による系列）――へと切り分ける。しかし、この二つが別個の系列であることは、それほど明らかではないだろう。たとえば、「現在」より「以前」が「過去」であり、「現在」より「以後」が「未来」であるという仕方で、両系列はそもそも「一つ」であるようにも見える。マクタガートは、二つの系列をどのようにして切り分けようとするのだろうか。両者を切り分けるために、次の二つの基準が使われている。

（i）「以前・以後」は複数の出来事や時点のあいだの関係であるのに対して、「過去・現在・未来」は一つの出来事や時点について言える特性である。

（ii）「以前・以後」という出来事どうしの関係は、時間が経っても変わらない永続的・恒久的なものであるのに対して、「過去・現在・未来」という出来事の特徴づけは、時間の経過と共に変化する。

すなわち、（i）一つの出来事についてか複数の出来事についてか、（ii）変化に関わるのか不変に関わるのかが、A系列とB系列を分ける基準になっている。或る一つの出来事に言及しさえすれば（それをEとしよう）、「Eは過去のことである」「Eは現在のことである」「Eは未来のことである」と言える。一方、最低二つの出来事（それをMとNとしよう）に言及しなければ、「MはNより以前である」「NはMより以後である」という前後関係は成り立たない。また、仮に「Eは未来のことである」としても、やがて「Eは現在のことである」になるし、「Eは過去のことである」へと変わってしまう。一方、「MはNより以前である」の方は、どんなに時間が経ってもそのままで変わらない（たとえば「鎌倉幕府の成立は室町幕府の成立より以前である」は、どんなに時間が経過しても、そのままである）。

この二つの基準によるA系列とB系列の切り分けは、はたして成功しているだろうか。（i）の基準も（ii）の基準もうまく機能しないと思う。順序は逆になるが、まず（ii）の方から、その理由を述べよう。

出来事どうしの以前・以後関係が、永続的・恒久的であるというのは、そもそもどのようなことなのだろうか。マクタガートは、「もし出来事Mが出来事Nよりもとにかく前であるとすれば、MはNよりつねに前である」と言うが、この「つねに」（永続・恒久）を、どう受け取るべきだろうか。明らかなようでいて、実はそうでもない。少なくとも、次の二つの受け取り方がありうる。

「MはNより前である」が真であるならば、そうであることは無時間的に真なのだと考えるならば、その「永続・恒久」とは、無時間的なものとなる。「2＋3＝5」という真理が、時間に関係なく「つねに」そうであるように。この場合、「永続・恒久」とは、時間の内でいつまでも持続することなのではなく、時間にそもそも関与しないという「無時間性」を意味する。しかしそうすると、「永続・恒久」と「変化」という対比は、「無時間」と「時間」との対比になってしまう。これではまずい。なぜならば、「永続・恒久」と「変化」という対比は、時間の系列を二つの時間系列に切り分ける基準のはずだったにもかかわらず、「無時間」と「時間」の区別でしかなくなってしまうからである。

逆に、以前・以後関係の「永続・恒久」を、時間的なものと見なすならば、うまく行くだろうか。

まずMが起こって、それからNが起こる。そして、その順序は、時間経過の中でも、そのままであり続ける。こう考えた場合には、「永続・恒久」とは、時間の経過（時間特有の変化）を通じて同一不変であることになる。しかし、これでもうまく行かない。なぜならば、以前・以後関係の「永続・恒久」を、「時間経過を通じての同一不変性」として考えてしまうと、それはA系列における「〈出来事の〉時間経過を通じての同一不変性」と、何ら区別がなくなってしまうからである。或る出来事が、同一不変のまま時間特有の変化を被ることと、出来事どうしの以前・以後関係が、同一不変のまま時間特有の変化を被ることとが、まったくパラレルになってしまう。すなわち、A系列もB系列も共に、同一不変性（永続）と時間経過（変化）とから構成されていることになる。ゆえに、「（時間的なものと見なされた）永続・恒久」は、A系列とB系列とを切り分ける基準にはならない。

「永続・恒久」を無時間的に考えても時間的に考えても、時間系列をA系列とB系列に切り分ける基準としてはうまく働かない。「永続・恒久」と「時間特有の変化」という対比によっては、A系列とB系列を二つの別個の系列として切り分けることはできない。

次に、（i）「一つの出来事についてか複数の出来事についてか」という基準が、うまく働かない理由を示そう。まず、マクタガートの次の記述――A特性（過去・現在・未来）を一つの出来事・時点へと帰属させる――に注目しよう。

時間内でのそれぞれのポジションは、過去であるか、現在であるか、未来であるかのいずれかである(3)。

ある一つの出来事は、いまは現在であっても、かつては未来のことであったし、これから過去のことになるであろう[4]。

特に「それぞれのポジション」「ある一つの出来事」という箇所に、注目してもらいたい。「それぞれの」「ある一つの」は、複数のポジション・出来事を前提にしたうえでの、〈一つ性〉〈各々性〉を表す。すなわち、「一つ」であることは、「複数」のものの中の「一つ」であることによってこそ可能になっている。したがって、「ある一つの出来事は、いまは現在であっても、かつては未来のことであったし、……」は、「ある別の一つの出来事は、いまは過去であっても、かつては現在のことであったし、……」や「さらに別の一つの出来事は、いまは未来であっても、やがて現在のことになるし、……」も、必ず背景として伴うことになる。

「ある一つ」は「別の一つ」を必然的に予想させてしまうのだから、「一つの出来事」に注目することは、同時に「複数の出来事」を認めることでもある。たとえば、「ある一つの出来事」に注目して「それが現在である」と述べることは、もうそれだけで、「ある別の一つの出来事が過去である」や「さらに別の出来事が未来である」まで呼び出してしまう。そして、それらの連鎖（「ある別の一つの出来事Ｍが過去である」―「ある一つの出来事Ｎが現在である」―「さらに別の出来事Ｏが未来である」）は、必ず以前・以後関係も有してしまう。ＮはＭより「以後」であり、ＮはＯより「以前」であるというように。

こうして、〈一つ性〉〈各々性〉に着目するならば、一つの出来事についてのＡ特性（過去・現在・未来）と、複数の出来事についてのB特性（以前・以後）とは、地続きであらざるをえない。

結局、以前・以後関係は複数の項の間の関係であり、過去・現在・未来という特性は一つの出来事についてのものだという対比は、見かけ上のものにすぎない。任意の或る一つの出来事・ポジションをピックアップして、それについて過去・現在・未来を言うかぎり、任意の他の一つの出来事・ポジションとの以前・以後関係を、必然的に含んでしまう。複数の出来事と一つの出来事という対比は、単に焦点のあて方の違いにすぎないのであり、A系列とB系列を二つの別個の系列として切り分ける基準にはなりえない。

以上のように、マクタガートが挙げた二つの基準――（i）一つの出来事についてか複数の出来事についてか、（ii）変化に関わるのか不変に関わるのか――はどちらも、A系列とB系列を「2つの別個の系列」として取り出すことに失敗する。A系列／B系列という区別は、せいぜい同一の系列についての様相的な区別にとどまるのであって、二つの別個の系列として取り出すことはできない(5)。

しかし私は、この二つの基準を単純に却下するために、難点を述べ立てているのではない。マクタガートが提示した「複数の出来事と一つの出来事という対比」を捨て去るのではなく、むしろもっと先鋭化する方向で考えたい。つまり、「一つの出来事」の〈一つ性〉を、複数の出来事のうちの任意の或る一つとは、見なさないという方向を探る（第四節参照）。また、時間特有の変化を、「永続・恒久」との対比によって捉えることは失敗するとしても、その変化の特異性や重要性はいささかも減るわけではないと考える。そこで、時間特有の変化は、どのように特異かについて、マクタガートとは違った仕方で考察する（第五節参照）。

四　時間系列外のXは、どのように働くか

「複数の出来事」と「（その中の）或る一つの出来事」という対比の中には収まらない〈一つ性〉。それは、〈独《ひと》つ性〉とでも呼ぶのが相応しいかもしれない。〈独《ひと》つ性〉は、「現在」というあり方に含まれている。「現在」というあり方には、複数性を前提にした〈一つ性〉と、複数性が意味を持たない〈独《ひと》つ性〉とが重なっている。その二重性は、たとえば以下の引用箇所の「二つのこと」のうちに、読み取ることができる。

> （……）C系列の中の一つの位置が、まさに現在であって、過去でも未来でもないということ。そして、この現在であるという特徴が、系列に沿って通過して行く際のあり方は、その現在の一方の側にあるすべてのポジションは、かつて現在であったのに対して、もう一方の側にあるすべてのポジションは、これから現在になるということ。この二つのことで十分なのである（……）(6)。

この箇所は、無時間的な秩序（C系列）に、初めて「過去・現在・未来」という時間的な秩序（A系列）が描き込まれる場面である。この「最初の一歩」においてすでに、「現在」の〈一つ性／独つ性〉が読み取れる。「現在」というあり方は、「まさに現在であること」と「（それぞれの時点が）現在でありうること」との重なり、あるいは「端的な現在」と「いずれ過去として捉えられることになるはず

の現在」との重なりによって成り立っている。最初の一文は、前者すなわち「端的な現在」「現実的な現在」を焦点化し、第二文以下は、「かつての現在／これからの現在」「可能的な現在という複数のポジション」を浮かび上がらせている。

「端的な現在」「現実的な現在」は、他の選択肢（過去や未来）の可能性を考慮した上で、それらの選択肢を排除することによってようやく「現在」となるわけではない。むしろ、話は逆である。「現在」でしかなく、それでしかありえないことを通してのみ、ようやく他の選択肢（過去や未来）が問題にできる。つまり、「端的な現在」「現実的な現在」とは、他の選択肢の可能性がそもそも「ない」という意味においてこそ、「過去でも未来でもない」のである。「現実的な現在」（まさに現在である）が、基準（原点）の創出だとすれば、「現在」でありうるポジション（かつての現在やこれからの現在）の方は、その基準（原点）の成立を待ってようやく許られうるものに相当する。「現実的な現在」と「可能的な現在」のあいだには、決定的な落差がある。にもかかわらず、その差が見えにくくなるのは、両者が「現在」という同じ名を共有することによってであり、さらに「系列に沿って通過して行く」という「移動」の表象が加わることによってである。

「現在」という同じ名を持つことによって、「現実的な現在」は「複数の可能的な現在」の単なる一つの実例であるかのように、また「複数の可能的な現在」は「現実的な現在」の形式的な概念化であるかのように、捉えられてしまう。つまり両者の差は、抽象的な概念（タイプ）とそれを満たす個別の実例（トークン）とのあいだの区別という程度のものとして、馴致されてしまうのである。こうして、両者の決定的な落差は、見えにくくなる。

「移動」の表象が加わることによって、それはさらに促進される。どれもが「現在」でありうるような複数の時点の上を、一つの「現実的な現在」が（たとえば左から右へ）移動していく。ある時点の上に「現実的な現在」があるならば、その時点こそがまさに現在であり、次の時点はまだ「可能的な現在」（未来）である。その次の時点へ「現実的な現在」が移るならば、その時点こそが今度はまさに現在になり、先ほど「現実的な現在」であった時点は、もう「可能的な現在」（過去）である。このような「移動」の表象は、どのポジションも等しく順番に「現実的な現在」と「可能的な現在」の両方でありうると思わせてしまう。「現実的な現在」も「可能的な現在」も、拡大された「可能性」（＝現実的でも可能的でもありうる）の領域の中へと包み込まれる。このことによって、すべてのポジションが再び平準化される（「現在」の現実性あるいは独つ性は、そのような可能性の領域には回収しえないにもかかわらず）。こうして、「移動」の表象は、「現実的な現在」と「可能的な現在」の落差を、むしろ等し並みにならしてしまうことを促進する。

結局、「現在」の二重性とは、「現実的な現在」と「可能的な現在」との決定的な落差であり、かつその落差の平準化（隠蔽）でもある。あるいは、「まさに現在である」という現実の独つ性は、複数の中の一つという意味での一つ性に先立ちつつも、その一つ性を帯びてしまうという事態が、「現在」が二重であらざるをえないということである。

同様のことは、マクタガートの謎めいた表現——「時間系列外のX」——が登場する箇所からも、読み取ることができる。マクタガートは、「過去である」「現在である」「未来である」というA特性は、出来事と「時間系列外のX」との関係なのであって、出来事自体に内属している性質ではないと考えていた。引用しよう。

> 過去・現在・未来とは、出来事が時間系列外の何ものかと取り結ぶ関係である。(……)この関係は、明らかにシンプルであって、さらに定義することは不可能である。しかし一方、これらの関係は、相互に孤立し独立したものではないと考える。たとえば、現在であることや未来であることの意味を知らなければ、過去であることの意味は知りえないように思われる(7)。
>
> (……)ある系列がA系列であるのは、その系列の各項が、その系列外のXというものに対して、過去であること・現在であること・未来であることという三つの定義不可能な関係のうち、そのただ一つの関係のみをとり結ぶ場合である。Xと現在であるという関係を結ぶ項はすべて、Xと過去であるという関係を結ぶ項すべてと、Xと未来という関係を結ぶ項のすべての間に収まるようになっている(8)。

もちろん、時間系列外のXについては、それと出来事の関係がシンプルでかつ定義不可能であると言われている以上、それが「何であるのか」を述べる術はない。しかし、それが「どのように働くか」については、ある程度は言うことができる。

まず、時間系列外のXは、「ある出来事」を「まさに現在の出来事」へと変換するように、出来事と関係するだろう。Xは、出来事に対して、「まさに現在の出来事なのだ」という現実性を付与する。

Xは、「ある一つ」を「まさに独つ」へと特権化するように、出来事と関係しなければならない。ちょうど、「C系列の中の一つの位置が、まさに現在であって、過去でも未来でもない……」というのと同様に。それは、絶対的な基準（原点）の立ち上げであり、その関係によって他が計られることはあっても、その関係自身は「定義不可能な」ものでなければならない。

マクタガートは、「三つの定義不可能な関係のうち、そのただ一つの関係のみを取り結ぶ……」と述べている。「ただ一つの」は、「三つのうちの一つ」という意味（一つ性）にすぎないと読まれてしまうかもしれない。しかし、「現実的な現在」と「可能的な現在」の落差を考慮するならば、Xが出来事と取り結ぶ「現在である」という「ただ一つの関係」は、単に「三つの対等なもののうちの一つの関係」であるだけではなくて、「特権的なただ独つの関係」でもなくてはならない。つまり、「ただ一つの」は、「それがそもそもの始まりで、すべて」という意味（独つ性）をも帯びていなければならない。

しかしまた、出来事は、Xと関係することによって、現在という特権的なあり方を付与されるだけではない。Xと関係することによって、出来事は、過去や未来の出来事にもなると言われている。しかも、過去・現在・未来という三つの特性は互いに関連し合っていて、切り離してしまうことはできないと言われている。それゆえ、「現在の出来事」には、三つの項の中の「間」という相対的な位置が付与されることになる。こうして、「ただ一つの」は、「関係し合う複数の項のうちのどれか一つ」という意味（一つ性）をも、もちろん帯びていなければならない。

このように時間系列外のXは、「現在の出来事」に対して、特権的なあり方と相対的な位置づけの両方を付与する。「未来でも過去でもなく、まさに現在の出来事」にするということは、他によって定義されえない（端的で比較不可能な）現実性を与えることであると同時に、その比較不可能なはずの「現在の出来事」を、未来の出来事や過去の出来事と同等に並べて、三者が比較可能であるかのようにその中間に位置づけることでもある。

しかも「現在」は、ただ単に「絶対的かつ相対的」という両義性を帯びている、というだけではない。「まさに現在である」という絶対的な基準（原点）の創設があって初めて、「過去」や「未来」（すなわち「元の現在」や「新たな現在」）という可能性が、その基準（原点）によって開かれるにもかかわらず、その絶対的な基準（原点）の「名」は、その基準（原点）によって許されるものの側の仕組み（三区分）の側によってしか与えられない。つまり、「現在」という呼び名は、基準（原点）の「名」であるにもかかわらず、その基準（原点）に依存した後に可能になる三区分の中間項によってしか（「過去」や「未来」の間に位置して、それらと相対的な差異関係にあるものによってしか）、与えることができない。「現在」の二重性とは、単なる両義性ではなく、基準（原点）の設定とそれによって許されるものとが、短絡あるいは癒着しているような二重性なのである(9)。

こうして、A特性（過去・現在・未来）とB特性（以前・以後関係）の区別の目安の一つとされていた「出来事の一つ性」と「出来事間の関係性」という対比（第三節参照）は、むしろ、すでにA特性自体の中に組み込まれていることになる。つまり、A特性／B特性の対比と思われたものは、すでにA特性自体に含まれている。「現在の短絡的・癒着的な二重性」として、あるいは「基準的な現在の絶対性（独つ性）」と「過去・現在・未来のあいだの関係性・相対性（一つ性）」との対比として、A特性自体の中にあらかじめ刷り込まれているのである。

五　時間特有の変化は、どのように特異か

マクタガートの証明においては、A系列が時間にとって本質的であることと、「時間特有の変化」こそが時間の核心であることとは、ほぼ同一のことである。言い換えれば、「変化」なくして時間はなく、その場合の「変化」とは「現在のこともいずれ過去のことになる」という変化である。それでは、「現在のこともいずれ過去のことになる」とは、どのような意味で特別な変化なのだろうか。その特異性を明確にするために、マクタガートにしたがって、「ものの状態変化」と「出来事についての時間変化」を対比しよう。

「ものの状態変化」とは、「ものXが、Pという状態からQという状態になる」という変化である。たとえば、「熱かった火かき棒が冷たくなる（火かき棒が、熱いという状態から冷たいという状態になる）」や「緑色の葉が黄色になる（葉が、緑色の状態から黄色の状態になる）」などの変化である。ここには「時間特有の変化」は現れていないと、マクタガートは考える。それは、次のような理由からである。「ものXが、Pという状態からQという状態になる」とは、「ものXが、ある時点t_1でPという状態であり、別の時点t_2でQという状態である」ということであり、「ものXが、ある時点t_1でPという状態であること」や「ものXが、ある時点t_2でQという状態であること」、またその両者の前後関係は、恒久的で不変だから。たとえば、「ある時点（二〇〇三年七月二一日）で、葉が緑色であること」自体は、ど

んなに時間が経過しても変わらない。また、「ある時点（二〇〇三年七月二一日）で葉が緑色であること」が、「別の時点（二〇〇三年一〇月二〇日）で葉が黄色であること」よりも以前であるという順序関係も、どんなに時間が経過しようとも不変である。つまりマクタガートは、「ものの状態変化」の中から、固定的で不変の出来事を取り出す。それゆえ、ここには「時間特有の変化」は現れていないと考えることになる。

もちろん、次のような疑問が湧くだろう。「ものXが、ある時点t_1でPという状態であること」や「ものXが、ある時点t_2でQという状態であること」は、固定的で不変であるとしても、「Pという状態」から「Qという状態」に〈なる〉ことには、時間特有の変化が関与しているのではないだろうか。最終的には、その通りであると私は思う（以下でこの点についてはもう一度ふれる）。しかしこの段階で重要なことは、そのように二つの出来事や状態をピックアップしないこと、その二者の間での「内容上の変化」に目を向けないことである。「時間特有の変化」を、そのような「二者間の内容上の変化」（PからQになる）とは別の水準に見いだすことが、目指されているからである。

時間特有の変化を取り出せるのは、「ものの状態変化」においてではなく、固定的で不変の（一つの）出来事に対してであると、マクタガートは考える。「ものの状態変化」から切り出される「Xが、ある時点t_1で、Pという状態にあること」、まさにこの同一不変の出来事に対して生じる唯一の変化こそが、時間特有の変化である。マクタガートは、そう考える。すなわち、「Xがt_1でPであること」自体が、現在のことから過去のことになる。この変化こそが時間特有のものである。たとえば、「ある時点（二〇〇三年七月二一日）で葉が緑色であること」自体が、現在のことから過去のことになってしまう。あくまで固定的で不変の一者（一つの出来事）に着目したうえで、なおそれに生じる特異な変化として、時間特有の変化を考えている。

こうして、「ものの変化」と「出来事についての変化」とが鋭く区別され、それが「状態変化」と「時間変化」との区別に重ねられる。しかし、このような時間特有の変化の取り出し方は、成功しているのだろうか。ここでもうまく行っていないというのが、私の診断である。一つは、「もの」と「出来事」の区別を、「他の種類の変化」と「時間変化」の区別に重ねる点について、もう一つは、「出来事」が「時間変化」の主語とされる点について、マクタガートの考え方を批判的に検討しよう。

最初の点について。「ものの変化」と「出来事についての変化」という対比は、時間特有の変化の特異性を取り出すのには、十分ではない。あるいはこの区別が、そのまま「他の種類の変化」と「時間変化」の区別にぴったり重なると思わせてしまうとすれば、この対比はミスリーディングでさえある。というのも、時間特有の変化の特異性は、（変化がそれに対して言われる）対象の側の区別――ものと出来事という区別――にではなくて、変化自体の「高階性」にこそあると考えられるからである。

まずは、「Xがある時点t_1でPであること」は、「出来事」と呼んでいいものだろうか、という小さな疑問が湧く。それは「出来事」というよりも、むしろ「（ものの）状態」ではないのか。あるいは、その「状態」を時点まで含めて捉え返した「こと（あるいは事実）」と呼ぶ方が相応しくはないだろうか。「出来事」と「こと」とは異なる。たとえば、「火かき棒」と「アン女王の死」ならば、「もの」と「出来事」の対比と言えるだろう。しかし、「火かき棒」と「火かき棒がある時点t_1で熱いこと」の対比は、「もの」と「出来事」の対比ではなく、「もの」と「その状態」の対比、あるいは「もの」

と「(もの・状態・時点などを構成要素とする)こと」の対比であろう。そして、「アン女王の死」(出来事)も「火かき棒がある時点t_1で熱いこと」(こと)も、さらに「こと」の構成要素である「熱い状態」も「時点t_1」も、とにかくすべてが「現在のことからやがて過去のことになる」。時間特有の変化に晒されるのは、「(ものと対比される)出来事」に限られるわけではない。

　これは、次のことを示唆する。時間特有の変化を考えるために注目すべきなのは、「もの」と「出来事」というような(対象領域の)区別ではない。むしろ重要なのは、「もの」と「その状態変化」と「(その状態変化から切り出される)固定的で不変のこと」と「その固定的で不変のことへの更なる高次の変化」というような、「変化」と「固定」の複層である。つまり、時間特有の変化は、他の種類の変化(状態・性質・位置などの変化)と同列に並べられる別種の変化なのではなくて、そもそも別の水準に位置づけられるべき高階の変化なのである。

　さらに、次のように考えてみよう。「ものの状態変化」から同一不変の「こと」(「Xがある時点t_1でPであること」)を切り出すことができる。それと同じように、「出来事についての時間変化」からもまた、同一不変の「(高階の)こと」を切り出すことができるはずである。たとえば、「出来事Eが現在のことから過去のことになる」から、「出来事Eがある時点t_1で現在であること」を切り出すというように。そして、同一不変の「こと」(「Xがある時点t_1でPであること」)が、現在のことから過去のことになるのと同じように、同一不変の「(高階の)こと」(「出来事Eがある時点t_1で現在であること」)自体もまた、まさに現在のことからやがて過去のことになる。すなわち、時間特有の変化は、「こと」の高階化に伴って、さらに高階の変化として取り出される。時間特有の変化は、変化の中から切り出される固定的なものに対しての、さらなる高階の変化として、原理的にはどこまでも高階化しうるのでなければならない。通常、困難や欠点として指摘されることの多い、この無限後退（の可能性）は、むしろ時間変化の「高階性」を示唆していると見なすべきである(10)。

時間特有の変化の特異性は、ものと出来事という区別に基づくのではなく、その「高階性」にある。だからこそ、（マクタガートの区別に反して）ものの状態変化にも、結局のところ、時間特有の変化は当てはまるのでなければならない。つまり、状態Ｐから状態Ｑへの変化においても、時間特有の変化は浸透していなければならない。ＰからＱへの状態変化においても時間は経過するし、その状態変化自体も現在のことから過去のことになる。時間特有の変化は、いつでもどこでも前提にされるしかない。

時間変化が「高階の変化」であるということは、変化の中からどんなに固定的なものを切り出したとしても、その固定的なものへも波及せざるを得ない変化だということである。ということは、時間変化の「高階性」は、時間変化の「汎浸透性」でもある。時間変化に晒されることから、免れる固定的なものなどない。したがって、もともとの「ものの状態変化」（「ものXが、Pという状態からQという状態になる」）もまた、それ自体は時間変化ではなくとも、時間変化の浸透を免れ得ない。これが、先述した「「Pという状態」から「Qという状態」に〈なる〉ことには、時間特有の変化が関与しているのではないだろうか」という疑問への答えである。

第二の点（「出来事」が「時間変化」の主語とされる点）に移ろう。マクタガートは時間変化を、「出来事についての変化」として考えようとしている。つまり、出来事という「主語」に帰属させられるものとして、時間特有の変化が考えられている。しかし、はたして出来事は、時間特有の変化の「主語」

うか。

たりうるのだろうか。むしろ、時間特有の変化とは、出来事を「主語」として立てたうえで、その同一不変のものに帰属する変化として語ろうとしても、必然的に失敗してしまう変化なのではないだろうか。

もし、「一つの出来事」というのが、「任意の或る一つの出来事」であるならば、(第三節で述べたように)複数の出来事の系列がすでに前提されている。その場合、どの出来事にも同じように、過去・現在・未来という規定が順々に当てはまっていくこととして、時間変化は表象されてしまう。まるで、複数の出来事からなる系列上を、過去・現在・未来という区分のついた物差しがスライドしていくかのように。実際、マクタガートはそのように表象していた。しかしそれでは、他の種類の変化(たとえば位置変化)と特に違いはなくなり、時間特有の変化の特異性は、取り出されることはない。

一方、「一つの出来事」というのが、「任意の或る一つの出来事」ではないとしたら、どうだろうか。たしかに、時間特有の変化は、複数の出来事の系列のような「(俯瞰できるような仕方で並んで)あるもの」、言い換えれば「(いつもいつまでも)あるもの」についての変化ではない。むしろ、「任意の或る一つ」ではない「まさに現在の」出来事について、それが決定的に過ぎ去って無くなるような変化である。時間特有の変化とは、「ある」ということを保存したうえでの変化ではなくて、「ある」ということ自体が、独特の仕方で失われるような変化である。しかしだからこそ、決定的に失われなくてはならない「まさに現在の」出来事は、時間変化の基体として、時間変化が帰属させられる主語としては、働きようがない。「まさに現在の」出来事は、決定的に過ぎ去って無くなってしまうのだから、「現在」と「過去」の両方にまたがる「同一不変の主語」としては、機能しえないのである。

結局、「一つの出来事」が主語＝基体として機能してしまうと、時間特有の変化の特異性は取り出せず、時間特有の変化の特異性を取り出そうとすると、「一つの出来事」は主語＝基体にはなりえない。こうして、時間特有の変化は、出来事を「主語」として立てたうえで、その同一不変のものに帰属する変化として語ろうとしても、必然的に失敗するのである。

時間特有の変化（現在のことも過去にことになる）に晒されるのは、その変化を貫いて存在する「同一不変の何か」ではなく、むしろ「まさに現在であること（現実的な現在）」の現実性自体である。あるいは、あえて「こと」「出来事」という言い方をするならば、「まさに今おこっていることのすべて」、「（特定の出来事ではなく）現在の出来事全体」が、まるごと時間特有の変化に晒されるのである。それゆえ、時間特有の変化とは、「変化を貫いて同一不変である何か」と「それについての何らかの違い」という変化の基本図式が、そもそも破綻するような変化である。そもそも、変化が言われる当のものが、決定的な仕方で失われるような変化なのだから、主語＝基体を立てること自体が、時間変化においては失効する。

以上のように、時間特有の変化の特異性とは、その変化の「高階性」と「汎浸透性」のことであり、また「変化の基本図式（主語的な同一者についての何らかの差異という図式）」を破綻させるような変化だということにある(11)。このようなことが、マクタガートの「失敗」から学び取れる。

六　矛盾は、どこに見いだされるべきか

マクタガートは、「出来事が、過去・現在・未来という互いに排他的な特性をすべて持つこと」を、A系列の時間の矛盾として考えた。言い換えれば、過去・現在・未来というA特性は、出来事について、両立不可能かつ両立可能でなければならないというのが、マクタガートの考えた時間の矛盾である。

しかし、この「過去・現在・未来は、両立不可能かつ両立可能」が何を表しているかは、それほど明らかではないし、また「時間の矛盾」というアイデアを十分に汲み尽くしているとも思えない。そこで、「両立不可能かつ両立可能」ということの内実を考えることを通して、「矛盾」の意味を探る。

矛盾の書き換えI

過去・現在・未来の「両立不可能」や「両立可能」の意味については、まず二つの異なる解釈を与えることができる。すなわち、「両立不可能」や「両立可能」についての、A論者的解釈とB論者的解釈の二つである(12)。

B論者ならば、「両立不可能」によって、過去・現在・未来の概念的(カテゴリー的)な排他性を考え、「両立可能」によって、過去・現在・未来の無時制的な両立を考える。つまり、「赤である」とは「青でない」「黄でない」ことであるのと同様に、「現在である」とは「過去でない」「未来でない」こと

であると考え、「両立不可能」を三つの概念（カテゴリー）の相互排他性として扱う。また、「両立可能」によって、「出来事は、過去でも現在でも未来でもある」という具合に、無時制的な「である」のもとでの「過去・現在・未来」の並存のことを考える。

一方、A論者ならば、「両立不可能」については、B論者と同様に、過去・現在・未来の概念的（カテゴリー的）な排他性を考えるが、「両立可能」については、B論者とは異なり、「無時制的な両立」ではなく「時制的な両立」を考える。つまり、無時制的な「である」によってではなく、時制を有する「であろう・である・であった」によってこそ、過去・現在・未来の三特性は両立すると考える。たとえば「出来事は、過去であろう・現在である・未来であった」という具合に、各特性は異なる時制において成立するので、三特性は両立可能であると考える。

たしかに、A論者とB論者のあいだには、時制VS無時制をめぐっての論争がある。時制を消去不可能なものと見なして、概念（カテゴリー）的な両立不可能かつ時制的な両立可能は、なんら矛盾ではないと考える方向（A論者）。無時制的なB系列の時間を基本と考えて、時制的なA系列の時間には（マクタガートと共に）矛盾を認めるが、B系列の時間の非実在は認めない方向（B論者）。

しかしここでは、その論争は重要ではない。というのも、注目したいのは、次のような構図の方だからである。両者は、「両立不可能」を概念的（カテゴリー的）な固定によって考える点においては一致し、「両立可能」を無時制的な「である」という俯瞰的な固定によって考えるか、時制の変化によって考えるか、という点で対立している。言い換えれば、過去・現在・未来は、概念的（カテゴリー的）な固定によって「両立不可能」であり、かつ無時制的な固定によって「両立可能」であるから、ようなものだと考えるか、という問いに対し、それぞれが異なる解答を与えることになる。

やはり矛盾すると考えるか、それとも、概念的（カテゴリー的）な固定によって「両立不可能」であることと、時制の変化によって「両立可能」であることとは、なんら矛盾ではないと考えるか、そのような対立の構図である。

この対立構図では、重要なことが欠落してしまう。それは、「両立不可能」こそを時間特有の変化の動性によって考え、「両立可能」こそを記述的な一挙性（固定）によって考えるという、逆の（あるいは交差的な）第三の解釈の可能性である。しかも、この対立構図の中では、重要なことが見えにくくなっている。それは、時制の区分（であろう・である・であった）自体ではなくて、その区分の間の「なる」（「である」が「であった」に「なる」）という推移こそが、時間変化の動性を表しているという点である(13)。

そこで第三の解釈では、次のようになる。過去・現在・未来が「両立不可能」なのは、それが三つの異なるカテゴリーであるという概念的・静的な理由からではない。時間経過（推移）においては、「現在のことも過去のことになる」。この「なる」という時間特有の動性によって、「現にある」ことと「もうすでにない」こと、「まだそもそもない」こととが、まさに動的に排他的なのである。それは、「ある」ものどうしの相互排他性ではない。「ある」ことと「ない」ことの間の動的な排他性である。これが、過去・現在・未来の「両立不可能」を、時間特有の変化によって（動性において）考えるということである。

一方、「未来のことが現在のことになり、現在のことが過去のことになる」というように、時間変化において両立不可能であるはずの三項が、まさにこの記述においては一挙に捕捉され、三項のどれ

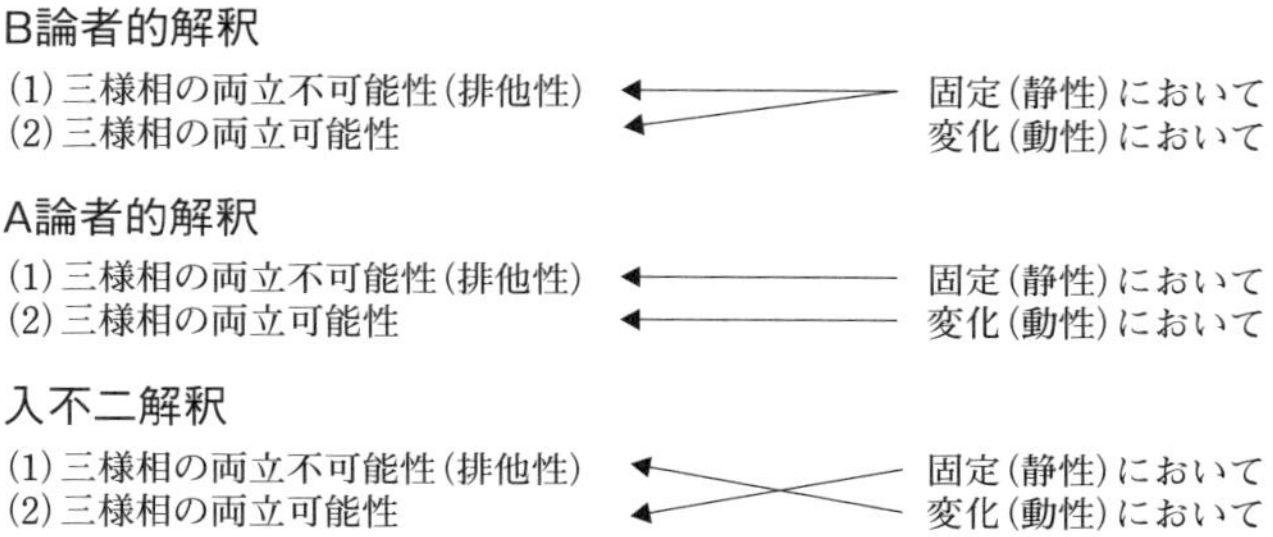

もが同じ資格で「ある」かのように、出現する（せざるをえない）。これが、過去・現在・未来の「両立可能」を、固定によって（静性において）考えるということである。

　こうして、時間特有の変化という動性において「両立不可能」、記述的な一挙性（固定）によって「両立可能」という、A論者ともB論者とも異なる解釈が成り立つ。重要なことは、過去・現在・未来の「両立不可能かつ両立可能」という矛盾とは、「時間特有の変化における動性」と「記述的な固定における静性」とのあいだの折り合いのつかなさとして、読み取られるということである。時制VS無時制が問題なのではなく、時制の区分の中に動性と静性がすでに含まれていることこそが問題なのである。つまり、「現在のことも過去のことになる」という動的かつ静的な表現が、問題の焦点である。まさにこの記述――時間経過を俯瞰するかのようなこの一挙的な記述――の静性（固定）の中に、その静性とは相反してしまわざるをえない時間的な動性が、それでもなお読み取られるということが、時間の「矛盾」なのである。こうして、「両立不可能かつ両立可能」とは、時間的な変化（動性）と記述的な固定（一挙性・静性）との、排他と同居を表していることになる[14]。これが、マクタガートの「矛盾」に対する、第一の書き換えである。

なお、この「矛盾の書き換えⅠ」のさらに踏み込んだ論述は、次章（第五章）の「時間の推移と記述の固定　マクタガートの「矛盾」に対する第一の書き換え」において展開する。

矛盾の書き換えⅡ

第二の書き換えは、第四節においてもうすでに行っている。「現在」とは、ただ独つの現実の現実化であり、絶対的な基準（原点）の出現に他ならない。にもかかわらず、その絶対的な基準（原点）は、未来でも過去でもありうるような相対的な一点でもあってしまう。絶対的な基準（原点）は、なぜか「現在」と呼ばれる。その「名」は、基準（原点）の成立を待って初めて計りうる側――相対的な「過去・現在・未来」という区分の中間項――の「名」としてしか、与えることができない。絶対的なものが、相対的にのみ名指されている。こうして、「現在」は絶対的でありかつ相対的であるという癒着・短絡が生じる。

この第二の書き換えに基づくならば、「過去・現在・未来が両立不可能かつ両立可能である」とは、「現在は過去や未来と相並ぶ一項であってはならないと同時に、互いに置き換え可能で対等な項でもなければならない」ということを意味している(15)。「両立不可能かつ両立可能」とは、「現在」の独つ性／一つ性という二重性の表現に他ならない。これが、マクタガートの「矛盾」に対する、第二の書き換えである。

マクタガートは、想定反論者への再反論において、「矛盾」を避けようとして「無限後退」が生じるが、それでも「矛盾」は無限に再生産され、逃げ切ることはできないと考えた。そして、時間は矛盾を含むので実在的（リアル）ではありえないと結論した。しかし、第二の書き換えに基づくならば、実態は違った様相を呈する。マクタガートが想定した「無限後退」は、むしろ「現在」が絶対的でも相対的でもあることに基づく「無害な」ものである。あるいは、「現在」のそもそものあり方（絶対的かつ相対的）からして、「無限後退」は不可避である。むしろ、「無限後退」を無理やりストップさせて、絶対性と相対性の癒着・短絡を押しつぶして平板にしてしまうことの方が、文字通りの（有害な）矛盾へと陥ることに繋がるだろう(16)。

第一と第二の書き換えの両方を視野に入れるならば、次のように考えることができる。「動く今」という仮象が生じる一因は、第一の書き換えと第二の書き換えを、安易に接合させてしまうことにある(17)。それは、「現在のことも、いずれ過去のことになる」（時間的変化／記述的固定）と、「端的なこの現在も、未来から見れば過去である」（現在の絶対性／相対性）とを、同じようなものとして扱ってしまうことに相当する。前者では、実際の時間的変化においては決して並び得ない「現在」と「過去」が、その記述的固定においては相並べられる。後者では、実際には隣接項を持たないはずの「現在」が、可能的に隣接項を持たされる。そして、記述において「現在」と「過去」とが一挙に並べられることと、「現在」が可能的に「過去」として捉えられることとが、重ね合わされる。

こうして、「現在」と「過去」という等しく並んだ二項の間に、一方から他方への見渡し可能な移行が成り立つかのよう表象が生じ、さらに、どの「現在」も「過去」でもありうる（どの「過去」も「現在」でもありうる、どの「現在」も「未来」でありうる……）ことが重ね合わされて、移動の表象（動く今）が準備されてしまう。翻って、こうして生じた「動く今」という仮象が、「現在の絶対性（現実的な現

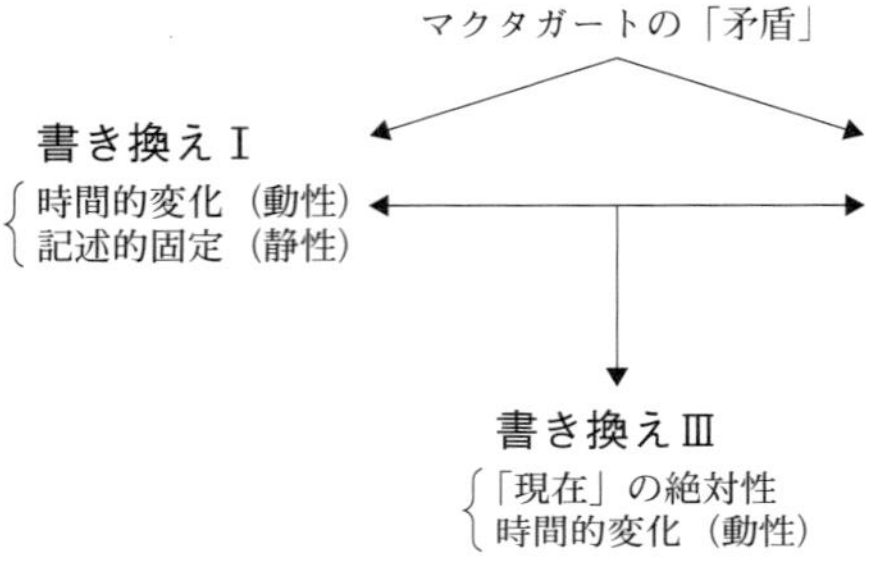

在）」と「現在の相対性（可能的な現在）」の落差を、むしろ等し並みにならしてしまうことを促進してしまう（第四節参照）。

しかし、第一の書き換えと第二の書き換えは、このように安易に接合してはならない。第一の書き換えにおける時間的変化と、第二の書き換えにおける「現在」の絶対性とは、接合できるどころか、徹底的に相容れないはずだからである。この点こそが、第三の書き換えの焦点である。

矛盾の書き換えⅢ

第一の書き換えにおいては、「時間特有の変化における動性」と「記述的な固定における静性」が、排他的に同居するという緊張関係にあった。また、第二の書き換えにおいては、「端的な現在の絶対性」と「過去でも未来でもありうる現在の相対性」が、癒着・短絡していた。しかし、この二つの書き換えが、むしろ隠してしまうような最深部の「矛盾」がある。それが、「時間特有の変化における動性」と「端的な現在の絶対性」との相容れなさである。この第三の書き換えについても、第五節でほぼ完了していると言ってよいが、もう一度ふり返ろう。

時間的変化とは、固定的で不変のものとして取り出される一者に対してこそ（対してさえ）、さらに生じるはずの変化であり、その変化を免れるものなどなかった。すなわち、時間的変化の特異性とは、その「高階性」や「汎浸透性」にあった。

　では、「固定的で不変の一者」とは何だったのか。詰まるところ、一者とは、特定の「もの」や「出来事」ではなくて、端的な現在（絶対的な現在）のことであった。すなわち、同一不変の「もの」や「出来事」に定位しておいて、「それ（と指示できる何か）」が過ぎ去るのではなく、端的な現在の現実性（これ）こそが、過ぎ去るのでなければならない[18]。つまり、時間的変化は、何ものかが持続したうえで、それについて何らかの差異が生じるのではなかった。端的な現在の現実性は、現在と過去とを架け橋するように存続する何ものか（変化の基体＝主語）ではない。むしろ、現実性自体（これ）が、（体験されることも気づかれることもないが）現実性自体（これ）で無くなるような変化でなければならない。

　時間的変化が、「端的な現在の現実性自体が過ぎ去り、特異な仕方で無くなること」なのだとすると、それは、認識不可能なきわめて奇妙な変化である。というのも、「端的な現在」に定位するかぎり、それはまさに現実化しているのであって、現に「ある」（無くなりようがない）し、過ぎ去って無くなった「現在」に定位するかぎり、それは「かつての現在（可能的な現在）」ではあっても、「端的な現在」ではそもそもないのだから。いずれにしても、「端的な現在」が消失する（した）現場など、原理的に押さえようがない。そのような認識不可能な変化、にもかかわらず起こっているはずとされる変化が、時間的変化なのである。

　この「認識不可能なきわめて奇妙な変化」は、「動く今」という表象とは対蹠的である。「動く今」が、連続的な時間表象につながるのに対して、「現実性自体の過ぎ去り」としての時間的変化の方は、「断絶――現実性とその消失とのあいだの隔絶――」にこそ、時間の推移を見いだす。この時間的変化には、「流れる」という表象よりも、「跳躍」――「ある」と「ない」の隔絶を飛び越す――という表象の方が、まだしもふさわしい。

時間的変化と記述的固定との排斥と同居（第一の書き換え）や、「現在」の絶対性と相対性との短絡・癒着（第二の書き換え）は、いわば「語りえぬもの」と「言語で語れること」とのあいだの内的な緊張関係である。それに対して、現在の絶対性と時間的変化（動性）との相容れなさは、異なる「語りえぬもの」どうしの、決定的に外的な断絶関係である。

ここまでの考察をへて、こう言うべきである。最深部に位置する「時間の矛盾」とは、二つの相容れないリアリティ――「まさに現在である」という現実性とこれが過ぎ去って無くなること――のあいだの隔絶である。時間は「矛盾」を含むから「実在的（リアル）でない」のではない。むしろ時間（「なる」という推移）は、二つの決して相容れないリアリティのあいだの断絶によってこそ構成されている。「時間が過ぎ去る」とは、体験することも表現することも不可能な、にもかかわらず「跳躍」として起こっているはずの（としか言いようのない）変化なのである(19)。

第五章　時間の推移と記述の固定

マクタガートの「矛盾」に対する第一の書き換え

一　はじめに

マクタガート（J.M.E.McTaggart）は、「過去・現在・未来という特性を、出来事がすべて持たなくてはならない」ことを、矛盾であると考えた(1)。マクタガート以後、時制的な時間論者たちはこれを批判し、時制を不当に除去しなければ、矛盾は生じないと主張した。一方、無時制的な時間論者たちは、無時制的な時間こそがリアルであると主張するために、矛盾を導く議論を活用した。こうして両者の間では、「マクタガート問題」に触発されて、時制的な時間と無時制的な時間をめぐっての論争が繰り広げられることになった。

しかし、時制と無時制という対立（対比）では、「マクタガート問題」をそれにふさわしい深度で捉えることができない。というのも、時制と無時制という対立（対比）の中では、「マクタガート問題」の最深部に位置するはずの、時間的な変化（時間の推移）の問題性が、見えなくなってしまうからである。論じるべきは、時制VS無時制ではなくて、時間の推移（時間的な変化）VS記述の固定（無時間的な固定）である。この点を考察するために、時制論者と無時制論者の議論を材料として取り上げて、批判的に検討する。

この第五章は、本書第四章「時間と矛盾　マクタガートの「矛盾」を書き換える」と対になる論考として書かれている。第四章の方は、マクタガートの「矛盾」を書き換える作業の全体像を呈示し、第五章は、その中の「第一の書き換え」にのみ焦点を絞って詳述する。両章は相補的な関係にある。

第一の書き換えによって、「過去・現在・未来の両立不可能かつ両立可能」という事態は、時間の推移（動性）での両立不可能かつ記述の固定（静性）での両立可能として、解釈し直される。そして、その「矛盾」は、動性と静性との相克・反転として、（時間の非実在ではなく）むしろ時間固有のリアリティを示唆することになる。

二　「なる（時間の推移）」の時制逸脱性

マクタガートは、時間に本質的な変化を（1）のように考え、そこに（2）のような矛盾を見いだす。

（1）未来だった出来事が現在の出来事になり、現在の出来事も過去の出来事になる。
（2）出来事Eは、「未来である」「現在である」「過去である」という両立不可能な三つの特性をすべて持たなくてはならない。

ここで、両立不可能な三つの特性をすべて持つのは「同時に」ではないので、（2）に矛盾はないという反論が出るだろう。しかし、マクタガートはさらに続ける。たとえ、三つの特性を持つのは「同時に」ではなく「異なる時点において」なのだから矛盾はないと、（3）のように考えたとしても、（4）のように再び矛盾が戻ってくる。つまり、矛盾回避のために導入する「時点」という道具立てが、再び矛盾を含むことになる。

（3）出来事Eは、過去の時点で未来であり、現在の時点で現在であり、未来の時点で過去である。
（4）どの時点もまた、「未来である」「現在である」「過去である」という両立不可能な三つの特性をすべて持たなくてはならない。

マクタガートはさらに続ける。（4）の矛盾を避けるために、ある時点が両立不可能な三つの特性を持つのは、「同時に」ではなく「異なる時点において」なのだと考えても、むだである。今度は、その「異なる時点」のどれもが、「未来である」「現在である」「過去である」という両立不可能な三つの特性をすべて持たなくてはならない。結局、（2）の段階と同じ矛盾が、何度でも繰り返されることになる。

このマクタガートの議論に対するロウ（E.J.Lowe）の批判を見てみよう[2]。マクタガートの議論では、時制表現の持つ「指標性」が適切に扱われていないと、ロウは批判する。たとえば未来の出来事Eについて、「Eはこれから現在になる」や「Eは未来の時点で現在である」と表現することは、「指標性」に関する誤りである。正しくは、「「Eは現在である」という文が、未来の時点で真であろう」と言うべきである。同様に、過去の出来事Eについても、「Eは現在であった」や「Eは過去の時点で現在である」と言うべきではなく、「「Eは現在である」という文が、過去の時点で真であった」と言うべきである。

ロウの考えでは、「かつて真であった」「いま真である」「いずれ真であろう」のように、真理概念自体が時制化されている。いわば、時制は真理概念の水準にまで食い込んでいるので、マクタガートのように相対化して扱うことなどできないのである。時制的なパースペクティヴから逃れて「永遠の相の下で」眺めることなど不可能であり、時制表現の持つ「指標性」は除去できない。にもかかわらず、マクタガートは、その制約を超えて時制的なパースペクティヴをあたかも「自由に」飛び移れるかのように、あるいは「永遠の相の下で」眺められるかのように、表現してしまっている。これが、ロウのマクタガート批判の要点である。

ロウの考えに基づくならば、マクタガートの（2）は（5）のように書き直されて、矛盾などないことになるだろう。

（5）「出来事Eは過去である」という文は、かつて真であったか、いま真であるか、いずれ真であろうのどれかであり、かつ「出来事Eは現在である」という文は、かつて真であったか、いま真であるか、いずれ真であろうのどれかであり、かつ「出来事Eは未来である」という文は、かつて真であったか、いま真であるか、いずれ真であろうのどれかである。

さて、時制の根底性に基づいたロウの批判によって、マクタガートの「矛盾」は解消されるだろうか。いやむしろ、「マクタガート問題」の根の深さに改めて直面すると思われる。というのも、最も重要な「時間に本質的な変化」が、「時制の根底性」によっては馴致されないからである。

そもそもマクタガートの（2）の矛盾は、（1）の時間に本質的な変化から取り出されている。マクタガートにとっては、時間的な変化こそが矛盾の源泉である(3)。一方、先述のロウのアイデアに依るならば、時間的な変化を、そもそもマクタガートのように（＝（1）のように）表すことは、誤りとなる。なぜならば、（1）には、「未来だった出来事」（過去の時点で未来である出来事）や「過去であろう出来事」（未来の時点で過去である出来事）という、「指標性」に関する誤りが含まれてしまうからである。すなわち、時間的な変化を（1）のように表すならば、時制の根底性を損なってしまう。

それでは（5）を利用して、時間的な変化を、（1）から（6）のように修正したらどうだろうか。

（6）「出来事Eは未来である」という文がかつて真であったが、「出来事Eは現在である」という文がいまは真であり、「出来事*E*は過去である」という文がいずれ真であろう。

しかし、これではまだ、時間的な変化の表現にはならない。時間的な変化とは、「……であった」から「……である」に〈なり〉、「……である」から「……であろう」に〈なる〉ことなのだから。三つの時制が相互に区分されて並列表記されるだけでは、まだ足りない。その時制的な区分どうしの間で、「なる」という推移が成立しなければ、時間的な変化にはならない。では時間的な変化の表現を、（7）のように修正したらどうだろうか。

（7）「出来事Eは現在である」という文は、かつて真でなかったが、いまは真であるになり、いずれ真でないだろうになる。

ここで重要なことは、「なる」には時制が与えられないという点である。「真でなかった」「真である」「真でないだろう」のぞれぞれは時制化されていても、その間をつなぐ「なる」には、時制を与えることができない。もちろん、「なった」「なりつつある」「なるだろう」のように、ひとまず「なる」に時制を与えることは可能であるが、それでも、時制化された「なる」どうしの間をつなぐ「なる」には、つまり「なるだろう」が「なりつつある」に〈なる〉こと、「なりつつある」が「なった」に〈なる〉ことには、時制を与えることができない。「なる」（時間的な変化）は、時制逸脱的であることによって、時制を与えることができないのである。もちろん、この「なる」の時制逸脱性は、いわゆる無時制というのとは違う。

こうして、時間に本質的な変化としての「なる」においては、「時制の根底性」というロウの基本方針は、うまく働かなくなる。これが、「時間に本質的な変化」は、「時制の根底性」によっては馴致されないということである。

「時制の根底性」という考え方は、異なる二種類の「敵対者」に相対している。時制を消去して「永遠の相の下で」眺めようとする者（無時制論者）と、時間的な変化の固有性を捉えようとする者の二者である。時制を消去しようとする者だけでなく、時間的な変化としての「なる」を重視する者もまた、「時制の根底性」から逸脱せざるをえない。そして、マクタガートの「矛盾」はまさにこの点にこそ関わっている(4)。

三 「矛盾（両立不可能かつ両立可能）」の実相

(7)にも、マクタガートの「矛盾」が形を変えて回帰する。「かつて……だった」という過去と、「いまは……である」という現在と、「いずれ……であろう」という未来の三項が、「なる」という時間の推移に埋め込まれるかぎり、以下のように、両立不可能かつ両立可能でなければならない。

両立不可能であるというのは、過去・現在・未来という三領域のカテゴリー的な排他性のことではない。区分された領域どうしの相互排除でよいならば、赤・青・黄の三領域の間でも、同様のことが成り立ってしまう。つまり、現在は過去や未来ではなく、過去は現在や未来ではなく、未来は過去や現在ではないという相互排他性ならば、青は赤や黄ではなく、赤は青や黄ではなく、黄は赤や青ではないという排他性と変わらない。そのような両立不可能性は、「なる」という時間の推移とは特に関係がない。

過去・現在・未来の場合の両立不可能性は、赤・青・黄のような複数の領域間の相互的な「関係」ではない。むしろ、たとえ一つの領域であっても食い込んでくる「断絶」（現在と過去や未来との没関係）である。それは、赤と青の排他的な関係ではなく、むしろ現在の赤と過去の赤を並べて比べることの不可能性に相当する。つまり、時間の推移における両立不可能性とは、見渡し可能な複数の要素（領域）間の相互的な排他性ではなく、単一の要素（領域）にさえ入り込んでくる、見渡し不可能性のことでなければならない。それは、「相互的」であるどころか、「非相互的」である。断絶の一方側のみ（現在の側のみ）にしか立つことができず、赤・青・黄の場合のようには「互いに」排他的であるとは言えない。そのような、「非対称的」で「一方的な」排他性である。「なる」という時間の推移に埋め込まれる三項は、カテゴリー的に相互排除の関係にあるから両立不可能なのではなく、断絶していて相互的な視点を取ることなど不可能であるからこそ、両立不可能なのである。

それではもう一方の、過去・現在・未来の三項が両立可能であるとは、どのようなことだろうか。まず、その両立可能性とは、同時（一挙）には両立不可能でも、時間の推移に沿って継起的には「両立可能である」ということではない。むしろ逆である。前述のように、時間の推移においては、三項は「両立不可能」なのである。それに対して、両立可能性の方は、同時（一挙）的なものでなければならない。そのような同時（一挙）性は、実は（1）や（7）のような記述において、すでに働いている。

（1）　未来だった出来事が現在の出来事になり、現在の出来事も過去の出来事になる。

（7）　「出来事Eは現在である」という文は、かつて真でなかったが、いまは真であるになり、いずれ真でないだろうになる。

まさに（1）や（7）の記述においては、過去・現在・未来の三項が一望されている。つまり、（1）や（7）の記述は、過去・現在・未来の三項を等しく見渡せるかのように呈示している。記述が提供するこの一挙（固定）性こそが、三項の両立可能性である。

（1）や（7）の記述もまた、時間の推移の中で、文の前の部分から後ろの部分へと順番に与えられるのであって（文の線状性）、過去・現在・未来の三表現は同時に登場するわけではない、と言われるかもしれない。しかし、「文の前の部分から後ろの部分へと順番に与えられる」という線状性もまた、この線状性についての記述においては、一挙に与えられる。記述における一挙（固定）性は、形態論的な線状性（継起性）とは別の水準――無時間的な水準――にある。一挙（固定）性が無時間的なものであることは、（1）や（7）の記述の終わりに、無時間的な「である」を付け加えられることからも分かる。「未来だった出来事が現在の出来事になり、現在の出来事も過去の出来事になる」〈のである〉、というように。

時間の推移と無時間的な固定という対比は、時制と無時制という対比ではないことに注意しよう。むしろ、時制を与えることができないという意味では、どちらも「無時制的」である。時間の推移は時制の区分を逸脱する「動性」であり、記述の固定は無時間的な「静性」である。しかしどちらも、時制表現の中にこそ、食い込んでいる。「動性」は、時制表現と時制表現の間に「なる」という仕方で浸透し、「静性」は、時制表現を含む全体を「である」という仕方で外側から包み込む。したがって、問題は、時制と無時制という対比ではない。むしろ、時制表現の中にも、「動性（時間の推移）」と「静性（無時間的な固定）」という時制的ではない両者がともに含まれること、これこそが、「マクタガート問題」の源泉である。

しかも、単に両立不可能と両立可能が、それぞれ「動性」と「静性」に割り振られるというだけでは済まない。「動性（時間の推移）」と「静性（無時間的な固定）」は、互いを自らの作用域に収めようとして、以下のように優位性をめぐる相克が生じる。

たとえば（7）は、「動性（時間の推移）」をあたかも見渡し可能であるかのように扱っている。それは、無時間的な〈である〉を付加することで顕在化する。（8）では、「動性」が「静性」の作用域の中に包摂されている。

（8）「出来事Eは現在である」という文は、かつて真でなかったが、いまは真であるになり、いずれ真でないだろうになるのである。

しかし、（8）のように記述することもまた、時間の推移の中に埋め込まれざるをえない一つの出来事である。（8）という文は、まさにいま述べられていても、そのこと自体が、現在のことからやがて過去のことになる。（9）では、「静性」が「動性」の作用域の中に包摂される。

（9）（8）ということもまた、現在のことからやがて過去のことになる。

さらに（9）の「動性」もまた、「静性」の作用域に包摂される。それは、「（8）ということもまた、現在のことからやがて過去のことになる〈のである〉」という仕方で、顕在化する。結局、時間の推移という動性は、記述においては固定的に捉えられざるをえないと同時に、その静的な把握自体もまた、時間の推移に埋め込まれざるをえない。

この反転関係は、時制的な時間把握と無時制的な時間把握とのあいだで生じているのではない[5]。時制VS無時制ではなく、「なる（時間の推移）」と「である（無時間的な固定）」の相克である。それは、時制的な時間把握であっても無時制的な時間把握であっても、内包せざるをえない拮抗関係である。「動性（時間の推移）」と「静性（無時間的な固定）」がこのような反転関係にあるということは、両立可能性と両立不可能性もまた、同様の反転関係にあるということである。つまり、過去・現在・未来の両立可能性と両立不可能性とは、互いに対する優位性を競いつつ、決定不能のままになる。動的な両立不可能性が静的な両立可能性のもとに包摂され、かつ静的な両立可能性が動的な両立不可能性の中に埋め込まれる。このような「両立可能かつ両立不可能」のあり方こそが、マクタガートの「矛盾」の実相ではないだろうか。

四　「時間の流れ」に含まれるマクタガート的な「矛盾」

ロウも、A系列表現の指標性によっては捉えられない時間特有の変化を、どう表現するかという問題に、その論文の最後の方で取り組んでいる[6]。しかしその議論には、欠落している点がある。それは、時制から解き放たれた時間特有の変化にもまた、「両立不可能かつ両立可能」の問題が回帰するという点である。時制を離れても、マクタガートの「矛盾」は、形を変えて追いかけてくる。

ロウによれば、時間特有の変化とは、自由に選べない時間的パースペクティヴを、繰り返し不可能な仕方で次々と採用していくしかないことである。時間のこの不可避性こそが、「流れ（flux or flow）」と表現される時間特有の変化であって、そこには時制表現は入って来ない。時間の「流れ」にとって、時制は本質的ではないのである。それゆえ、「変化はA系列表現によってのみ説明されうる」というマクタガートの議論を、ロウは却下する。こうして、「時間の変化にとってA系列は本質的である」という主張も、ロウは否定することになる。

さらにロウは、時間特有の変化を、時間の単一次元性に託して、次のように捉えようとする。

もし$\langle (s_1, t_1), (s_2, t_2), \ldots, (s_n, t_n) \rangle$が、ある人に選べる時空的なルートであるとすると、その人にとってのそれ以外の可能なルートはどれも、$\langle (—, t_1), (—, t_2), \ldots, (—, t_n) \rangle$という形式を持たなければならないのであって、$\langle (s_1, —), (s_2, —), \ldots, (s_n, —) \rangle$である必要はない[7]。

この形式は、選択によって空間のルートは変えられるのに対して、時間のルートの方はそうではないことを表そうとしている。この点に加えてもう一つ、空間の場合には「同じ場所に留まる」という概念は意味をなすが、「同じ時間に留まる」ことはそうではない。これを、時間こそが「変化（流れ）」の次元であると考える理由として挙げている。

しかしながら、「自由に選べない時間的パースペクティヴを、繰り返し不可能な仕方で次々と採用していくしかない」というロウの論点には、すでにマクタガートの「矛盾」に相当するものが含まれている。それは、「繰り返し不可能である」ことと「次々と採用していく」ことの拮抗、あるいは反復不可能かつ反復可能という「矛盾」である。時間特有の変化とは、反復不可能なものの反復なのである。このようなマクタガートの「矛盾」の変形が、時制なき時間の変化の中にも含まれている。ロウの考察は、意図せずこのことを浮かび上がらせる。

反復不可能なものが反復されることは何ら矛盾ではない、という反論が起こるかもしれない（マクタガートの「両立不可能なものが両立する」の場合と同様に）。たとえば、〈(—, t_1), (—, t_2), …, (—, t_n)〉という形式を見よ。それぞれに一回限りの（反復されない）複数の項（t_1やt_2やt_3,…）が、次々と交代で登場してくる（反復する）ことは、何ら矛盾ではないではないか。

しかし、この反論は的をはずしている。そもそも〈(—, t_1), (—, t_2), …, (—, t_n)〉という形式だけでは、反復不可能なものの反復（時間特有の変化）は表せない。言い換えれば、「時間特有の変化とは、自由に選べない時間的パースペクティヴを、繰り返し不可能な仕方で次々と採用していくしかない」

という主張と、〈$(—, t_1)$, $(—, t_2)$, …, $(—, t_n)$〉という形式とは、一致しえない。〈$(—, t_1)$, $(—, t_2)$, …, $(—, t_n)$〉という形式には、時間的パースペクティヴは自由に選べないという点も、繰り返し不可能であるという点も、そして別の時間的パースペクティヴへと不可避的に移行するという点も、書き込まれていない。t_1 や t_2 や t_3…は、自由に選べない時間的パースペクティヴではなくて、むしろ俯瞰された任意の時点を表してしまうし、反復不可能なものの反復ではなくて、むしろ繰り返し可能なものをナンバリング（区別）しただけになってしまう。その形式の中には、不可避的な移行などはなく、せいぜい、数えることによる次の項への移行があるだけである。

過去・現在・未来の三項の「両立不可能性」が、三項を一挙に見渡すことによって成り立つ「カテゴリー的な相互排除性」ではなかったように、時間的なパースペクティヴの「反復不可能性」も、t_1, t_2, t_3, … のように並べて俯瞰しうる「差異性」のことではない。むしろ、「両立不可能性」が、時間の推移による非相互的な「断絶」であったように、「反復不可能性」もまた、ある時間的なパースペクティヴが、他のパースペクティヴとは比較不可能な仕方で「一回性」を持つことである[8]。

一方、過去・現在・未来の三項の「両立可能性」が、記述の無時間的な一挙性であったように、「反復可能性」もまた、〈$(—, t_1)$, $(—, t_2)$, …, $(—, t_n)$〉のような形式において、一挙に無時間的に読み取られる。

そして、マクタガートの「両立不可能なものの両立」が、時間の推移と記述の無時間的な固定とのあいだの相克であるのと同じように、「反復不可能なものの反復」もまた、時間の「流れ」と無時間的な形式とのあいだの拮抗である。時間の「流れ」における反復不可能性（一回性）は、無時間的な形式における反復可能性の中に書き込もうとしても、あるいは書き込もうとするからこそ、いつまでも埋め込みが完了しないものとして残り続ける。これが、時制なき時間の変化の中にも含まれる、マクタガート的な問題である。

五 「矛盾」の回帰と全面化

第三節では、時間の推移（動性）で過去・現在・未来の「両立不可能性」を、記述の無時間的な固定（静性）で「両立可能性」を、考えた。そして両者の相克・反転を、マクタガートの「矛盾」の実相として解釈した。

しかし、この解釈は、通常なされる解釈とは異なっている。たとえば、通常の時制的な解釈では、「両立不可能性」をカテゴリー的で静的な相互排他性で捉え、「両立可能性」を時間特有の動性で捉えるという具合に、むしろ解釈は逆転している。ここでは、中山康雄の議論からその一例を見ておこう(9)。中山は、静的なA系列と動的なA系列を区別したうえで、その動性に「段階」（kやmなどのインデックスで表される）という表現を与える(10)。そして、マクタガートの「両立不可能」と「両立可能」を、以下のように捉える。

まず、マクタガートは、（固定したA系列においては）過去、現在、未来が両立不可能な規定であることを指摘する(11)。

どんな出来事も、現在$_k$ならば、過去$_k$ではない。どんな出来事も、現在$_k$ならば、必ず（後に）過去$_m$になる。（……）ただし、mはkより大きい整数とする(12)。

最初の引用の「固定した」という言い方に、動的ではなく静的に「両立不可能」を捉えていることが、表れている。本章の文脈に即して言えば、過去・現在・未来の区別が成り立っていれば、相互の概念的な排他性により、三項は両立不可能なのである。また、二番目の引用の「どんな出来事も、現在$_k$ならば、過去$_k$ではない」からも、現在と過去が排他的であるのは、或る一つの段階（ここではk）に固定して考えた場合、すなわち静的な相で捉えた場合であることが読み取れる。

一方、二番目の引用の後半では、二つの段階（kとm）の導入によって、動的なA系列を表現することが目指されている。この考え方に基づくならば、同じ段階（たとえばk）においては、過去$_k$・現在$_k$・未来$_k$の三項は両立不可能だが、異なる段階（たとえばjとkとm）の過去$_m$・現在$_k$・未来$_j$は両立可能である。つまり、静的な相では排他的な三項も、「異なる段階（になる）」という動的な相においては、両立可能である。それゆえ、中山によれば、「矛盾」は存在しない。インデックス付きの時制述語の体系は無矛盾なのである。しかし、この考え方――「両立不可能」を固定的な相互排他として、「両立可能」を時間の動性による別段階での両立として解釈すること――には、次のような問題点が含まれている。

まず、マクタガート自身は、「両立不可能」を、時間特有の変化にとって本質的なものと考えている。しかし、右のように静的・固定的に解釈すると、「両立不可能」は時間特有の変化から離れても成り立つものになってしまう。すなわち、前にも述べたように、静的・固定的な相互排他は、赤・青・黄についても成り立ってしまう。それは時間特有の変化とは特に関係のない、カテゴリー的な相互排他性である。ゆえに、「両立不可能」は、固定的にではなく、時間の動性で考えられるべきである。

次に、「どんな出来事も、k段階において現在ならば、必ず（後に）m段階において過去になる」（＊）という事態を、「現在」と「過去」の（動的な）両立として捉えてしまうことは、マクタガート問題の深度に見合わない。たしかに、k段階の現在とm段階の過去は、ある意味で「両立する」と言うことはできる。しかし、それは、k段階とm段階を、相互排他的な差異として、一挙に見渡せているからである。言い換えれば、k段階の現在とm段階の過去が「両立する」のは、複数の段階を通覧できる無時間的な固定（＝（＊）という記述）において、である。

一方、時間の動性の方は、むしろ「段階」と「段階」の間で働く。すなわち、k段階からm段階に〈なる〉。そこで、（＊）という記述の「必ず（後に）……になる」という部分が重要である。「なる」が時間の推移を表すかぎりは、k段階においてはまだm段階はないし、m段階においてはもうk段階はないのでなくてはならない。k段階とm段階は、そのように「ある」「ない」をめぐって断絶していなければ、時間の推移の内にあることにはならない。ということは、k段階とm段階とは、時間の推移（動性）においては両立不可能なのであって、両立可能なのではない。しかも、両者が並列してあったうえでの相互的な「排反」ではなく、「ある」と「ない」の間の非相互的な「排反」である。

以上から見て取れるように、「どんな出来事も、k段階において現在ならば、必ず（後に）m段階において過去になる」の中に、「動性（時間の推移）」と「静性（無時間的な固定）」の両方が、したがって「両立不可能性」と「両立可能性」の両方が、すでに入り込んでいる。「k段階からm段階に〈なる〉」とは、見渡し不可能な二つの段階を、当の記述において無時間的に見渡すことに他ならない。したがって、インデックス付きの時制述語の体系は、中山の言うように無矛盾であったとしても、「なる」という時間の推移を記述の中に埋め込もうとする限り、マクタガートの「矛盾」に似たものが何度でも回帰してくる。

また別の通常の解釈（無時制的な解釈）では、「両立不可能性」も「両立可能性」も、どちらも静性・固定性で捉えられる。「両立不可能性」を、「現在である」とは「過去ではない」「未来ではない」ことというように、カテゴリー的な排他性として考え、「両立可能性」の方を、出来事が「未来である」「現在である」「過去である」という三つの排他的な特性をすべて持つこととして考える。もちろん、「である（ではない）」「すべて持つ」は、無時制的に解釈される(13)。

この無時制的な解釈によれば、第一に、「出来事Eは、未来でも現在でも過去でもある」は、矛盾である。第二に、複合的な述語の使用によって、この矛盾は避けられる。すなわち、「出来事Eは、過去の時点では未来であり、現在の時点では現在であり、未来の時点では過去である」は、矛盾しない。第三に、しかし複合的な述語の組み合わせの中には、このように矛盾しない組み合わせだけではなく、矛盾する組み合わせが必ず含まれる。たとえば、「出来事Eは、現在の時点で未来であり、現在の時点で現在であり、現在の時点で過去である」は、矛盾する。これは、最初の「出来事Eは、未来でも現在でも過去でもある」に等しい。そして、その矛盾を避けるために、さらに複雑な複合的な述語（「過去における現在の時点で未来である」など）を導入しても、矛盾しない組み合わせだけでなく、矛盾する組み合わせが再び現れる。これが、マクタガートの「矛盾」についての無時制的な解釈である。

しかし、マクタガート自身の論述は、この解釈とは必ずしも一致しない。矛盾しない複合的な述語の組み合わせと共に、矛盾する複合的な述語の組み合わせも残るという考え方を、マクタガート自身はしていない。むしろマクタガートならば、「出来事Eは、過去の時点では未来であり、現在の時点では現在であり、未来の時点では過去である」自体も、実は矛盾を避けられていないと考えるだろう(14)。というのも、矛盾回避のために導入されるその「時点」のところにこそ、矛盾が回帰するからである。マクタガートの場合、（出来事と同じように）どの「時点」も、未来でも現在でも過去でもあるのでなければならない。これが、矛盾の回帰である。

マクタガート自身と無時制的な解釈の差は、「矛盾」が全面化するか、そうではないかにある。マクタガートの場合は、複合的な述語の一部の組み合わせにのみ「矛盾」が生じるのではない。どの出来事どの時点をとってみても、「両立不可能な三項をすべて持つ」のでなければならない。すなわち、「矛盾」は全面化する。この「矛盾」の全面化は、「両立不可能性」を時間の推移（動性）で、「両立可能性」を記述の無時間的な固定（静性）で考える方が、明確になる。

「出来事Eは、過去の時点では未来であり、現在の時点では現在であり、未来の時点では過去である」には、時間の推移（動性）が浸透している。実態は「出来事Eは、過去の時点では未来である〈から〉、現在の時点では現在である〈になり〉、未来の時点では過去である〈になる〉」である。そうすると、（無時制的な解釈では）矛盾がないと考えられたこの事例もまた、時間の推移（動性）と無時間的な固定（静性）との相克からは逃れることができない。時間の推移（動性）で両立不可能なものが、無時間的な固定（静性）では両立可能であるかのように扱われる。しかも、どちらにも決定的な優位性を与えることができない。どんな事例でも、この相克の中にあること。これが「矛盾」の全面化の実相である。

六「逃去性」と「理解済み」

ここまで、時制的な解釈や無時制的な解釈とは一線を画して、むしろマクタガートの「矛盾」の直観を生かす方向で考察してきた（むろん変形を加えてではあるが）。しかし、マクタガートの結論の方は、そのまま受け入れるわけにはいかない。マクタガートは、「矛盾」を含むのだから、時間はリアルではないと結論する。だが、「矛盾」の実相が、時間の推移（動性）と記述の無時間的な固定（静性）との相克・反転であるとするならば、むしろそこに、時間固有のリアリティの源泉を見て取るべきではないだろうか。最後に、そのような考察への一歩となりうる論点について、簡単に触れておこう。

時制的な時間論者ならば、過去・現在・未来という時間に、リアリティを認めようとする。しかし、時制の区分そのものやその指標性自体には、時間固有のものは見いだせない。むしろ、時制と時制とのあいだでの変化（「である」が「だった」に〈なる〉）のところへと、時間固有のものは逃れ去る。さらに、時制と時制とのあいだの「なる」に注目しても、その「なる」自体が時制的な区分の内へと回収されそうになる（「なった」「なりつつある」「なるだろう」のように）。その場合には、時間固有のものは、そのあいだでの変化（「なるだろう」が「なりつつある」に〈なる〉）のところへと、さらに逃れ去る。また、時間固有の変化を「なる」で表現して、他の種類の変化（位置の移動や状態変化など）から区別しようとしても、当の「なる」の表現形式（XがYになるという二項関係）が、それを阻害する。すなわち、「現在から過去に〈なる〉」の二項関係が、「熱い状態から冷たい状態に〈なる〉」の二項関係に引きずられて誤解され、時間の推移も状態変化の一つであるかのように思われてしまう(15)。その場合には、時間固有の変化は、「なる」という表現形式からも逃れ去るしかない。

　このように、時制の区分や状態変化に対して、時間的な変化は逃去的（elusive）である。しかしそれにもかかわらず、時制の区分も状態変化も、（それらからは逃れ去ってしまう側の）時間的な変化に依拠して初めて、成立しうるものである。時間的な変化を背景として持たないような時制の区分は、もはや無時間的なカテゴリー区分にすぎなくなる。時間的な変化は、たとえ状態変化が起こっていなくとも成り立つのでなければならないが、状態変化の方は、必ず時間的な変化を伴っているのでなければならない。いわば、自らから逃げ去るしかないものを、自らの存立の根拠にせざるをえないのである。あるいは、けっして表現が追いつくことがないものを、あらかじめ理解してしまっているのでなければならない。

　同様のことは、時間の「流れ」（flux or flow）でロウが言わんとしたこと（あるいは、反復不可能なものの不可避的な反復）と、〈$(―, t_1), (―, t_2), …, (―, t_n)$〉のような形式とのあいだにも言えるだろう。前者は、後者の形式に依拠しつつ、ネガティヴにしか指し示せないものなのに、そもそも後者を時間の形式として読むためには、その前者はすでに理解済みとされなければならない。ここでもまた、時間的な変化そのものとその表現形式とは、逃去的でも依存的でもある仕方で絡み合っている。

これはまだ、時間と記述との絡み合いの、ほんの一断面にすぎない。しかし、時間固有のリアリティは、このような断面をいくつも重ね描きすることからしか、見えてこないだろう。

第六章　相対主義と時間差と無関係

一　相対主義は自己矛盾には陥らない

相対主義の核には「相対化」の運動がある。「相対化」を、その可能性の先端へ向けて徹底するならば、次のような相対主義像は棄却される。一つは、「相対主義は自己矛盾に陥って自滅する」という批判者側から提示される相対主義像。もう一つは、「相対主義は複数の観点や文化や概念枠などを平等に扱う寛容な態度である」という擁護者側から提示される相対主義像である。両者とも、相対主義に含まれる「相対化」を微温的な水準でしか捉えていない。複数的な平等主義ではなく、むしろ外部を持たず唯一でしかありえないものの相対性こそが、「相対化」の徹底の果てにある。また、相対主義は、自己矛盾によって自滅するのではなく、「相対化」の可能性の先端で自己純化によって蒸発する。そのような「相対化」は、複数のものの間の「関係性」ではなく、唯一のあり方に刻印されている「無関係性」をこそ浮上させるはずである。

まず通俗的な相対主義像を退けておこう。

「相対主義は自己矛盾に陥って自滅する」という批判は、あまりにも古典的であり、また人口に膾炙してもいる。しかし、その批判が成功していないことは、すでに十分明らかなのではないだろうか(1)。相対主義が、批判者の考えるようには自己矛盾に陥らないことは、たとえば次のような二重の相対化によって示すことができる。一つは限定句による相対化、もう一つはレベル差による相対化である。プロタゴラスの人間万物尺度説を範例にして述べておこう。

ソクラテスによれば、人間万物尺度説は「誰の思いなしも、つねに真である」という説なのだから、その説を採用するプロタゴラスは、「人間万物尺度説は偽である」という敵対者の思いなしもまた真であると認めることになる。したがって、プロタゴラスは、「人間万物尺度説は真である」と「人間万物尺度説は偽である」の両方を認めていることになり、矛盾する(2)。

しかし、「……にとって(真である)」という限定句を見落とさない限り、これは矛盾にはならない。つまり、「人間万物尺度説は真であり」かつ「人間万物尺度説は偽である」ことは矛盾するが、「プロタゴラスにとって、人間万物尺度説は真であり」かつ「敵対者にとって、人間万物尺度説は偽である」ことは矛盾しない。人間万物尺度説は「誰の思いなしも、つねに真である」という説ではなくて、「誰の思いなしも、各自にとってつねに真である」という説なのである(3)。

一つの言語空間の中では矛盾するかのように見える二つの主張も、観点や枠組みに応じてその空間を分割し、二つの言語空間へとそれぞれの主張を振り分けるならば、矛盾という外見は消え去る。これが相対化の運動の第一段階である。相対主義に「矛盾」を見出したと言って批判しようとしても、その「矛盾」を相対化して解除してしまうのものこそが相対主義なのだから、その批判は成功しない。相対主義的な「限定句（……にとって）」は、そのように働く。

　さらに先がある。「プロタゴラス$_1$にとって、人間万物尺度説は真である」ことと「敵対者にとって、人間万物尺度説は偽である」こととは矛盾しないだけでなく、人間万物尺度説を採用するプロタゴラス$_2$にとっては、ともに真である。つまり、プロタゴラス$_1$は敵対者と同列の次元で対比項として登場し、プロタゴラス$_2$はその両者の対比が成立する場として高階の次元に登場する。言い換えれば、「プロタゴラス$_2$にとって」の作用域の中で、「プロタゴラス$_1$にとって↔敵対者にとって」という対比が働く。相対主義的な「限定句（……にとって）」は、単に空間を二つに並立的に分割するだけではなく、対比の中の一項（オブジェクトレベル）とその対比自体が成立する場（メタレベル）との間のレベルの分割も行なう。「相対化」の運動は、水平方向で「限定」として進行するだけではなく、垂直方向での「含みこみ」としても進行する。したがって、「プロタゴラス$_2$にとって」というメタレベルに「人間万物尺度説は真である」が置かれ、「敵対者にとって」というオブジェクトレベルに「人間万物尺度説は偽である」が置かれるならば、両者は矛盾しない。メタレベルでの「真」かつオブジェクトレベルでの「偽」は、矛盾ではない。

　次に、メイランド（J.W. Meiland）による定式化を範例として(4)、「相対主義は自己矛盾に陥って自滅する」という批判が成り立たないことを、もう一度確認しておこう。

相対主義の主張内容は、相対主義という主張自身に自己適用されるか、自己適用されないかのどちらかである。自己適用されない場合はこうなる。相対主義の主張自身は例外であって、それ自身は絶対的に真であるが、それ以外のすべての主張は、枠組みや文化や観点に相対的に真であるにすぎない。自己適用される場合はこうなる。相対主義の主張自身も例外ではなく、それ自身をも含めてどんな主張も、枠組みや文化や観点に相対的に真であるにすぎない。相対主義自身もまた、相対化の運動の中に巻き込まれる。

自己適用されてもされなくても、相対主義の主張は矛盾に陥っている、と批判者は言う。自己適用されない場合には、相対主義は、すべての真理は枠組みや文化や観点に依存する相対的なものであると主張し、絶対的な真理の存在を否定していながら、しかし相対主義という真理だけは絶対的な真理として認めてしまう。これは、絶対的な真理を否定しかつ肯定するという矛盾である。一方、自己適用された場合には、相対主義という真理も、ある枠組みや文化や観点に相対的な真理にすぎず、したがって別の枠組みや文化や観点においては、相対主義の否定こそが相対的な真理であってもいいと認めることになる。これは、相対主義を肯定しかつ否定するという矛盾である。

もちろん、この批判は失敗している。自己適用されない場合は、メタレベルの相対主義自身には絶対性が付与され、それによって言及されるオブジェクトレベルのすべての主張には相対性が割り当てられている。なぜ、相対主義の主張だけは特別扱い（絶対視）しなければならないのか。相対化を免れる特異点を認めてしまうことは不徹底ではないのか。そのような批判は正当である。しかし、矛盾しているという批判は当たらない。メタレベルで絶対的な真理を肯定し、かつオブジェクトレベルで絶対的な真理を否定することは、たとえある種の「不誠実」ではあっても、矛盾ではない。

自己適用される場合は、二重の仕方で矛盾は生じない。まず、ある枠組みや文化や観点において相対主義が肯定され、かつそれとは別の枠組みや文化や観点において相対主義が否定されることとは、「限定句（……において）」を見落とさなければ矛盾にはならない。さらに、自己適用される場合には、メタレベルにも相対性が適用されるが、メタレベルで相対主義が肯定され、かつオブジェクトレベルのある枠組みや文化や観点において相対主義が否定されても、それは矛盾ではない。つまり、水平方向でも垂直方向でも、矛盾は生じない。

こうして、自己適用される場合もされない場合も、相対主義は矛盾には陥っていない。ただし、自己適用されない場合は、相対化が不徹底であるという理由によって批判することができる。したがって、相対主義は、相対化を徹底してその運動の中へ自身を投じ、自己適用する方を選ぶべきである。つまり、相対主義の主張自身もまた、ある枠組みや文化や観点において相対的に真であるにすぎない。

そして、相対主義の自己適用をいったん認めるならば、相対性は高階へと解放され、相対化の運動に原理的には終わりがなくなる。つまり、ある主張（T）が、ある枠組みや観点（X_1）へと相対化されても、そこで相対化がストップする保証はない。TがX_1に相対化されるという主張もまた、さらに別の枠組みや観点（X_2）へと相対化されうるし、さらにその相対化もまたX_3へと相対化されうる。その相対化は無限に続くことが原理的に可能である。これは、最終的な枠組みや観点などは原理的に存在しないということである。したがって、相対主義とは、どこまでも完結しない相対化の運動である。

二　相対主義は複数的な平等主義ではない

「相対主義は複数の観点や文化や概念枠などを平等に扱う寛容な態度である」という相対主義像もまた、不適切である。なぜならば、相対化の運動は、単に水平方向の「限定」としてだけではなく、垂直方向の「含みこみ」としても働くので、「複数の観点や文化や概念枠が平等に並立する」という像は維持しえないからである。むしろ相対化の運動は、枠組みや観点の「複数性」「平等性」「並立性」を無効化するように働く。

プロタゴラス説の場合を振り返ってみよう。たしかに、「プロタゴラス$_1$にとって」と「敵対者にとって」は、ある意味で平等であり、並立している。両者の枠組みや観点は、人間万物尺度説の真・偽については正反対であるが、ともに同等の枠組みや観点として働く。いわば、人間万物尺度説という一つの「軸」に対して、プロタゴラスの観点と敵対者の観点が、左右（＝真偽）に対称的に配置されている。同一のことがら（人間万物尺度説）に対して、それを真とするか偽とするかにおいてのみ異なっているだけで、二つの枠組みや観点は、平等に並立している。

しかし、その二つの枠組み・観点が平等に並立しているのは、「プロタゴラス$_2$にとって」の作用域においてである。つまり、「〈プロタゴラス$_1$にとって人間万物尺度説は真であり、敵対者にとって人間万物尺度説は偽である〉はプロタゴラス$_2$にとって真である」となる。外側の「プロタゴラス$_2$にとって」が、高階化した相対性を表す枠組み・観点である。そして、外側のプロタゴラス$_2$には、隣人（対比される枠組み・観点）は存在しない。もし、対比項が存在してしまうならば、プロタゴラス$_2$は外側から内側へ落下して、さらに相対化の運動は高階化する。つまり、「「｛プロタゴラス$_1$にとって人間万物尺度説は真であり、敵対者$_1$にとって人間万物尺度説は偽である｝はプロタゴラス$_2$にとって真であり、敵対者$_2$にとって偽である」はプロタゴラス$_3$にとって真である」となる。外側のプロタゴラス$_3$には、やはり隣人は存在しない。こうして外側の枠組み・観点は、つねに「複数性」「平等性」「並立性」を逸脱する。したがって、相対化の運動を徹底する相対主義は、むしろ「非‐複数性」「非‐平等性」「非‐並立性」によって特徴づけられる。枠組みや観点が平等に並立しているという静的な外観が立ち現われるのは、相対化の運動をある段階で停止して、そこに固着してしまった場合のみである。それは、相対主義の遂行形ではなく残骸である。

対比項のない外側の枠組みが、次のスオィヤーの引用文では、「私たち自身の」という表記によって表わされていることに注目しよう(5)。

> それ（相対主義）は、「SがFにおいては真であり、T（S）が*F′*においては偽であるということが正しいのは、一体どの枠組みにおいてなのか」という問いへの解答を実際に与える。もちろん、答えは、私たち自身の枠組みにおいてである。（FとF′は枠組みであり、T（S）はSの翻訳されたものである。）（（　）内と傍点は引用者）(6)。

「私たち自身の枠組み」は、FやF′などの複数の並立する枠組みの一つではないし、それと対比される「彼らの枠組み」は存在しない。いや正確に言い直そう。「彼らの枠組み」が「私たちの枠組み」と対比されるときには、その対比が行なわれるのは一体どの枠組みにおいてなのかという問いが生じる。そして、その問いの答えは、「私たち自身の枠組みにおいて」である。その対比を捉えている「私たち自身の枠組み」には、対比される他の枠組みは、やはり存在しない。つまり、「私たちの枠組み」に外部がないのは、それが堅固に閉じているからではない。むしろ、「彼らの枠組み」をも含み込むように開いているからである。さらに正確に言えば、閉じることと開くこと（「彼らの枠組み」の対比項となることと、その対比を受容する場となること）を反復するからである(7)。

三　相対主義と時間差

ここで、別種の問いが生じる。外部のない「私たちの枠組み」は、対比される他の枠組みを持たないにもかかわらず、そもそもなぜ「枠組み」でありうるのか。これはデイヴィドソン的な問いである(8)。「私たちの枠組み」が、異質な「別の枠組み」と出会う可能性のないところでは、そもそも私たちのものが「一つの枠組み」であるということさえ意味をなさないのではないか。「別の枠組み」は、どんなに異質なものであっても、もし「別の枠組み」として出会われてしまうならば、それは「枠組み」であることによって私たちのものと同質であり、結局「私たちの枠組み」は対比項を持つことになってしまう。その場合、「私たちの枠組み」は、外側ではなく内側で働いていることになり、外部を持ってしまう。一方、「私たちの枠組み」が外側で働くならば、それは他なる「枠組み」が存在しないことなのだから、自らをそれとは異なる「一つの枠組み」であると確認できるような場面は原理的に訪れないことになる。ということは、外側で働く「私たちの枠組み」は、そもそも「枠組み」ではないのではないか。この問いは、レベル差を反復する「私たち」について、その可能性と不可能性の両方へと通じている。ポイントは、「時間差」である(9)。

まずは可能性から。異質な「別の枠組み」と出会う可能性がないにもかかわらず、それでもなお「枠組み」であると言いうるとすれば、それは次の理由からである。たしかに、外側の「私たち」には対比項がないという点に着目すれば、それは「一つの枠組み」ではありえない。しかし、外側の「私たち」というあり方は、固定的にあらかじめ控えている存在者ではない。それは、内側へと落下する可能性と、それに伴って新たに外側が立ち上がる可能性を繰り返していく中で、自転車操業的に維持されている遂行である。つまり、落差の可能性を繰り返し続けていなければ、そもそも維持されないあり方である。したがって、外側で働く「私たちの枠組み」という表現は、内側へと落下する可能性の先取りと、それに伴って新たに外側が立ち上がる可能性の先取りの両方を一挙に表わしている。外側で働く「私たちの枠組み」とは、「内側へと落下して他の枠組みと対比される私たちの枠組みと、それに伴って新たに外側へと退く私たちと、さらにその外側も内側の枠組みへと落下する可能性と……」という落差の（それゆえ時間差の）反復を圧縮した表現なのである。

結局、対比項を持たない外側のあり方が、なお「枠組み」であると言いうるとすれば、次の時点で（未来において）対比項を持つ「枠組み」へと落下する可能性によってである。つまり、対比項を持たない外側にとっての「他」とは、対比項を持つようになる「次の・未来の自分（の可能性）」である。

そのかぎりで、隣人のない「私たち」も、時間差を先取りして「枠組み」であるかのように扱うことができる。重要なのは、「時間差」である。時間差を利用しなければ、つまりある一時点に固定して考えるだけならば、隣人を持たない「私たち」という外側のあり方と、複数性を呼び込まざるをえない「一つの枠組み」という内側のあり方とは、もちろん相容れない。しかし、時間差を考慮に入れるならば、「私たちの枠組み」という言い方は、むしろその時間差そのものの圧縮表現と考えることができる。つまり、「私たちの枠組み」という表現は、「私たち」が「枠組み」へと落下しつつその「枠組み」に先行し続けるということを、時間差を先取りしながら一挙に表現している。

次に不可能性である。相対化の運動としての「私たち」とは、特定の集合でも任意の集合でもなく、それらの集合が相対化されて、より高階へと開かれていくという繰り返しの遂行である。したがって、「私たち」の基本形式とは、対比項を持たない外側の「私たち」と、対比項を持つ「私たち（の枠組み）」が反復される可能性である(10)。

外側の「私たち」	内側の「私たち」＝枠組み
＝	＝
私たち（透明な一致）	【私たち（可視化された一致）↔ 私たちでないもの（不一致）】

「私たち」は二つのレベル――外側と内側――に同時に一挙に登場する。いやむしろ、外側と内側というレベルの分割を反復することが、「私たち」というあり方なのである。この場合、レベルの分

割によって、外側の「私たち」と内側の「私たち」は、〈同時に一挙に〉現われる。外側の「私たち」と内側の「私たち」という別々のものがあるのではなく、二つのレベルへの分割を反復することが、「私たち」である。したがって、この「同時性・一挙性」においては、外側の「私たち」と内側の「私たち」とが、なぜ同じ「私たち」と呼ばれるのかという問題は、生じない。

しかし、「私たち」は、レベルの分割という論理においては同時に一挙に現われるが、その遂行においては「時間差」を含んでいる。外側で働いている「私たち」も、次の時点では（未来においては）内側の「私たち」として対比項を持ってしまうかもしれないし、対比項を持っている内側の「私たち」も、前の時点では（過去においては）外側で働いていたのかもしれない。さらに、この時間差は次々と繰り返されていく。「私たち」の二つのレベルは、単に論理的な区別ではなく、時間差として受け継がれていく。

こうして、時間差という「楔」が「私たち」に打ち込まれてしまうかぎり、外側の「私たち」と内側の「私たち」が、なぜ同じ「私たち」なのかという問題が、現われてしまう。次の時点で（未来において）、あるいは前の時点でも（過去においても）、いま働いているのと同じ「私たち」が別のレベルでも働いているのだと、はたして言いきれるのだろうか。論理的にはレベルの落差として一つの「私たち」も、あるいは、先取りされる（仮想的な）時間差においては結びつけられている外側の「私たち」と内側の「私たち」も、先取りされえない（仮想外の・現実の）時間差においては断絶性（この時点と別の時点の無関係性）をはらんでしまう。

時間差という「時間的隔たり」には、二つの様相がある。「差」「隔たり」として想定されてしまうかぎりは、時間差とは、この時点と別の時点とを結びつける「関係」である。しかしまた、その仮想（関係）がまさに生じているこの時点（現実的な現在）と、実際にやって来てしまう（あるいは過ぎ去ってしまう）別の時点（未来や過去）との間には、そのような仮想（関係）など及びようもない断絶（無関係）もまた開けている。時間差は、このような「関係」と「無関係」という二つの様相を持っている。

時間差の二つの様相とは、「現在」が、「過去」や「未来」と「関係」「連続」する様相と、外部のない（それが全てでそれしかない）「無関係」「単独」という様相の二つを持つということに等しい。すなわち、第四章で論じた「現在」の二重性――「現在」が相対的かつ絶対的であること――である。こうして、論理においては生じない問題が、時間差においては現われる。この時点の「私たち」（現実的な現在）と別の時点の「私たち」（可能的な現在）とは、「私たち」（現在）という呼称が同じだけで、そもそも無関係という様相を持つのである(11)。

「私たちの枠組み」は、時間差を先取りした表現として可能になっていたが、今度はその時間差がはらむ断絶性（この時点と別の時点の無関係性）によって、反復する「私たち」は不可能になってしまう。というのも、二つのレベルの「私たち」が無関係なものであるならば、レベル差の反復は、そもそも「レベル差」や「反復」でさえなくなってしまうからである。「内側へと落下して他の枠組みと対比される私たちの枠組みと、それに伴って新たに外側へと退く私たちと、さらにその外側も内側の枠組みへと落下する可能性と……」というレベル差の反復は、ただ単に別の「私たち」が無関係にあるだけになってしまい、外側・内側・枠組みという構造・形式は消え去る。

こうして時間差は、反復する「私たち」を可能にするだけでなく不可能にもする。仮想的な時間差は先取りされ結びつけられることによって、「私たち」の成立の可能性の条件として働き、仮想外の・現実の時間差は先取りされえない断絶性（無関係性）をはらむことによって、「私たち」の成立の不可能性の条件にもなる。時間差は、関係と無関係の結節点として働いていると言ってもいい。「相対化」の可能性の先端は、ここにある。一つは、反復する「私たち」というあり方。「私たち」は、外側と内側のレベル差を反復することによって外部を持たず、他の選択肢を持たないことによってそれでしかありえない（唯一である）。もう一つは、その反復する「私たち」の中に、その成立の不可能性もまた刻印されているということ。つまり、「私たち」の反復を可能にしている時間差は、当の反復を不可能にもするということ。時間差は、結びつき（関係）でもあり断絶（無関係）でもあるからである。反復する「私たち」には、その反復の不可能性もぴったり貼りついている。相対化の運動によって生み出される「私たち」という絶対的な（対を絶する）あり方も、当の相対化の運動が時間差（無関係）によって無効になってしまうという仕方で、相対化される。相対化の運動を可能にするものと不可能にするものが接触するところが、相対主義が純化され蒸発する地点である。

四　夢の懐疑と時間差

懐疑は、相対化の運動の一形態である。時間差は、「夢の懐疑」においても可能性の条件であると同時に不可能性の条件にもなる。

「夢の懐疑」は、「この現実も、ひょっとすると夢かもしれない」と疑う。そして、「その疑いは消し去ることができない」と論じる。もちろん、「この現実は夢にすぎない」という断定などしていない。「この現実から覚めて、実はそれは夢にすぎなかったのだということになる可能性を否定しきれない」と言っているのである。また、現実という名の夢の中で、誰かがまどろんでいる可能性が問題になっているのではない。問題は、私たち自身の現実が、実は夢なのかもしれないという可能性である。

「培養液の中の脳」という設定も、「夢の懐疑」と等しい(12)。頭蓋骨から取り出された脳が、培養液の中に浮かんでいる。その脳は、マッド・サイエンティストによって超高度なコンピュータと接続され生かされている。そして、全ての感覚・知覚・思考・想像・意志作用など全てが、以前と変わりなく起こるように、コンピュータが脳を制御している。例えば、培養液の中の脳は、「手を伸ばして、木の上のリンゴを取ってかじる」ことなど本当はできないが、それと全く同じ経験が味わえるし、万事が「うまく」いっているので、本当のことには決して気づかない。ここまでならば、それは他の誰かについての想定である。それを私たちが外側から観察しているような記述になっている。しかし問題は、他の誰かではなく、私たち自身である。つまり、私たち自身がこのような「培養液の中の脳」である可能性はないのだろうか。私たちが今ここで経験していることも、マッド・サイエンティストが与える「仮想現実」ではないと確実に言えるだろうか。これで、「夢の懐疑」と同型になる。

「この現実も、ひょっとすると夢かもしれない」という可能性は、時間差に依存している。「この現実」を指して「それ／あれは夢だったのだ」と言える後の時点、「いま」を後で振り返って「その／あのとき」と言える時点を前提にしている。「いま」ではない後の時点を、しかも「いま」の時点で先取りすることによって、「〈後で〉……となる可能性が〈いま〉ある」ということが可能になっている。

この時間差を一回だけ考慮すると、「夢の懐疑」はあらかじめ解決されてしまっているように見えるかもしれない。つまり、「この現実も、夢かもしれない」という可能性は、後の時点における（ほんとうの）現実を先取り的に前提にしてしまうのだから、夢の外部が懐疑の成立条件であるように見える。しかし、時間差は繰り返す（一回だけではない）。その「後の時点」になれば、今度はその時点で「この現実も、ひょっとすると夢かもしれない」という疑いが繰り返される。「後の時点における現実」は、まだその時点でないときには夢の外部として働き、その時点が現実化するときには夢の可能性に投げ込まれる。そして、同じことが次の時点へと受け継がれ、繰り返されていく。このような時間差の反復は、「夢の懐疑」がどこまでも終わることがないことを表している。「夢の懐疑」の要点は、「現実から覚めてしまう可能性」の終わりのなさを、いまのこの時点に潜在するものとして提示することである。時間差が「夢の懐疑」の可能性の条件であるとは、そのような意味においてである。「この現実も、後になって、それ／あれは実は夢だったということになるかもしれない」という可能性は、この時点の現実が、次の時点のメタ現実の中で、オブジェクトレベルとして位置づけられる可能性に他ならない。そして、そのレベル差を貫通して、「これ」が指示する（いまの）現実と「それ／あれ」によって指示される（先ほどの）現実が同じものであることが前提になっている。

しかし、「夢の懐疑」の可能性は、単に無時間的なものとしてではなく、いまのこの時点にこそ潜在するものとして問題化している。つまり、「この時点の現実が、次の時点では夢だったことになる可能性は、まさにこの時点に潜在する」と、「夢の懐疑」は疑う。どのように次の時点を先取りしても、その先取りが働いているのは、この時点においてなのである。先取りされている（この時点と次の時点との）時間差は、仮想的な時間差であるが、当の先取りする働きが現に「この時点」で生じていることと、そして「この時点」が過ぎ去ってしまうことには、仮想外の時間差が含まれている。仮想外の時間差とは、そもそもまだ存在していない「次の時点」（未来）と、「この時点」（現在）とのあいだの断絶である。それは、現在と予期の内にある未来との差ではなく、現在と予期せぬ未来という仕方で予期の内にある未来との差でもなく、現在とそこから決定的に無関係な未来との差である。仮想的な時間差は「この時点」と「次の時点」を結びつけるが、仮想外の時間差はむしろ両者を絶縁させる。時間差が「この時点」と「次の時点」の関係的な差異でありうるのは、先取りの中でのみ（仮想的にのみ）なのであって、その外で生じてしまう時間差の方は、「この時点」と「次の時点」との無関係を顕わにする。ゆえに、時間差は「夢の懐疑」の不可能性の条件にもなる。

「夢の懐疑」の可能性は、この時点と次の時点との仮想的な時間差に基づいている。しかも、その仮想的な時間差を、現実化している「この時点」に潜在させようとする。しかし、「この時点」が現実化することと「次の時点」が現実化することとは、仮想の外で現に生じるしかない時間差なのであって、両者を並立させて考えることなどできない（二つの現実などありえない）。そのできなさこそが、「断絶」「無関係」である。そして、「次の時点」から絶縁している「この時点」だけでは、「夢の懐疑」はそもそも発動できない。「夢と現実」の落差が発動するためには、仮想的に結びついた時間差が必要である。次の時点と無関係な「この時点」には、「夢と現実」の落差が生じようがないのである。こうして、「この時点」と「次の時点」との無関係性は、「夢の懐疑」を不可能にする。ただしこれは、「夢の懐疑」を発動以前（現実／夢という対比以前の現実）へと差し戻しているのであって、「夢の懐疑」を論駁しているのではない。

五　無関係と関係との無関係、あるいは「飛び越されてしまった実在」

相対化の運動は、仮想的な時間差によって可能になり、仮想外の・現実の時間差によって不可能になる。しかし、相対化の運動が不可能になる地点にこのように言及することは、相対化の運動の成立自体を相対化することに他ならない。そのような意味で、相対化の運動の不可能性も、まだ相対化の自己適用の範囲内にある。それは、時間差における「断絶」「無関係」が、時間差における「関係」を経由した後で、その切断としてのみ言及されるということに由来している。

しかしそれでも、「無関係」は「関係」の従属物ではない。たとえ、「無関係」は「関係」を経由した後で、その切断としてしか言及されないとしても、その言及以前には、そもそも「無関係」は「関係」とも「無関係」なのである。ある場面では、このような「無関係」は、「飛び越されてしまった実在（reality being jumped over）」と呼ぶことができる。

「実在」は、私たちの認識から独立の何かあるものである。この独立性の度合いを上げていくことで、リアリズムはソフトな段階からハードな段階へと移行していく(13)。現在の私たちの認識から独立、将来の私たちの拡張した認識からも独立、私たちの理想的な認識状態からも独立……である〈何か〉(14)。こうして、「実在」は、内容・実質を持つ段階から、形式的なものへと希薄化していく。まるで、「実在」は、遠くの向こう側へ遠隔化していくような様相を呈する。しかし、「実在」はどんなに遠隔化しても、反復する「私たち」（相対化の運動）から逃れ切ることはできない。なぜならば、形式的な〈何か〉は、私たちによる内容の充塡とその失敗の反復可能性によって成立する「空欄」だからである。むしろ、私たちの認識から独立の「実在」は、向こう側にではなく、すでに飛び越してしまっている手前にこそ位置している、と言うべきである(15)。

ルイス・キャロルのパラドックス(16)における「亀の明示化要求の立ち上がり以前」「パラドックスが端的にただ生じていないこと」は、「飛び越されてしまった実在」である。私たちがすでに服してしまっている「論理的強制力」――その明示化が立ち上がり続けしかも失敗し続けることによってのみ、それ以前にすでにその力に服してしまっていることが、遅れて判明するしかない「論理的強制力」――は、「飛び越されてしまった実在」である。PならばQと、Pという前提から、Qという結論を導く行為と、亀に応えてアキレスが挿入を続ける規則とは「無関係」なのである。しかも、その無関係性は、規則を挿入し続けるという関係が反復される中で、その反復される関係とは無関係であり続けるという仕方によって際立つ無関係性である。

私たちは、そのような無関係をすでに生きてしまっているはずなのであるが、そうであることは、その無関係の喪失（つまりルイス・キャロルのパラドックスの発生）を通して事後的に確認することしかできない。そのような意味で、無関係の認知は、すでに無関係の喪失である。そういう仕方で、飛び越されてしまった実在（＝無関係）は、私たちの認識（＝関係）から独立（＝無関係）なのである。「実在」

は、私たちの認識からはるか遠くの彼方にあって届かないから「私たち」から独立なのではなく、私たちの認識がつねにそこを通り過ぎてしまっているしかない手前であるからこそ、「私たち」から独立なのである。

手前に位置するこのような実在は、過去性を帯びている。ここでの問題は、過去の実在性ではなく、実在の過去性である。しかも、その過去性は、通常の過去性とは異なる。なぜならば、それは、かつては現在だったということがありえない過去、過去でしかありえない過去だからである。通常の意味での過去は、かつては現在だったがいまは過去になった時点である(17)。しかし、手前に位置する実在は、どの時点でも、そのつどすでに飛び越されてしまっているので、「現在である」ということがありえない。通常の過去と現在とのあいだには、関係的な時間差があるのに対して、過去でしかありえない過去と現在とのあいだには、無関係的な時間差がある。

「私たち」（相対化の運動）に外はない。自らの運動の不可能性までが、自己適用の範囲内にある。その範囲内では、無関係もまた一つの関係にならざるをえない（無関係という関係）。この時点と次の時点の無関係も、関係の切断という仕方での関係を含んでしまうし、過去でしかありえない過去と現在との無関係も、通常の過去と現在との関係性を否定するという関係を経由してしまう。しかし、これらの「関係」はどこまでいっても、関係性の側からの自己適用の発動でしかないことも忘れてはならない。無関係とは、そもそものような発動自体からの無関係であり、無関係という関係からの無関係であることに変わりはない。時間差における「無関係という関係」にまで相対主義は純化され、「無関係と関係との無関係」を前にして、「私たち」（相対化の運動）は無力となる。

第七章　「寛容／不寛容の悪循環」とそれからの「脱出の方途」について

一　はじめに

「相対主義と寛容のプロブレマティーク　「収斂」の新たなイメージに向けて」（以下古茂田論文と記す(1)）において、古茂田宏は、道徳的相対主義が「寛容」をめぐって「循環のアポリア」に陥る構図を描き出し、さらに、そのアポリアからの脱出の方途を示す試みを行っている。

本章は、古茂田論文を検討することを通して、以下のことを明らかにする。道徳的相対主義の「循環のアポリア」は、正確には「循環」というよりは「反復」であるということ。そして、それは解決すべき「アポリア」ではなく、むしろ相対化の運動に他ならないということ。そしてさらに、「脱出」の不可能性・不必要性、「収斂」の更なる別のイメージについて述べる。本章の叙述全体は、拙著『相対主義の極北』（春秋社、二〇〇一年）と本書第六章の「相対主義と時間差と無関係」によって試みた方向性、すなわち「相対主義を、相対化の運動において純化し、蒸発させる」という観点から進められる。

二　寛容をめぐる「循環のアポリア」

まず、古茂田論文が提示する「循環のアポリア」を、以下の議論に必要な範囲でまとめておこう。「循環のアポリア」は、「寛容」をめぐって生じる。そもそもなぜ、「寛容」が問題になるのか。それは、道徳的相対主義が、そこから導かれる「価値ある結果」によって正当化される場合、つまり、道徳的相対主義が「実践的な要請」である場合には、「寛容」という態度こそが、その「価値ある結果」であり、目指されるべき「要請」だと考えられるからである。以下の（1）から（5）が、「循環」の骨組みである。

（1）出発点は、不寛容で傲慢な態度（普遍主義）に対しての反省である（寛容の哲学としての相対主義）。
（2）相対主義によって寛容を導くならは、無際限の寛容（無節操）が帰結してしまう。
（3）相対主義から無際限の寛容（無節操）が帰結することは、避けられる（B・ウィリアムズの議論）。

（4）相対主義からは、（自らのスキームに相対的な態度としての）不寛容（暴虐）が導かれうる。

（5）相対主義自身が、不寛容で傲慢な態度へと転化してしまうので、出発点へと逆戻りする。

この「循環のアポリア（悪循環）」は、相対主義が陥る「ディレンマ」という形で、描き直すことも可能であろう。すなわち、相対主義から寛容を導くならば、無際限の寛容（無節操）が導かれるし、相対主義から無際限の寛容（無節操）を導かないならば、こんどは逆に、無際限の非寛容（暴虐）が導かれうる。どちらの選択肢も認めがたい。そのようなディレンマである。

この「循環のアポリア」を検討する前に、小さな疑問点を述べておこう。古茂田は、「しかし視点をずらして眺めれば、普遍主義にとっても同じようなアポリアの循環としてことがらを描き直すこともできる。」（九九頁）と書いている。これは、具体的にはどのような「循環」になるのだろうか。（1）～（5）に相当する循環を、普遍主義に対しても同じように構成できるだろうか。

この「循環」は、相対主義の自意識・反省（自己言及的な相対化の運動）から生じているものではないのか。つまり、相対主義と普遍主義という二つの相対立するサイドがあって、それぞれに相手側からの批判・攻撃をかわそうと策を練って、その結果として、相対主義サイドは相対主義サイドで、普遍主義サイドは普遍主義サイドで、それぞれ同種の「悪循環」に陥ってしまう、というのではないだろう。むしろ、相対主義自身の内的な「論理」の展開（そこには、普遍主義への反省の視点と相対主義自身への反省の視点の両方が組み込まれている）によってこそ、「循環」が発生するのではないか。相対主義と普遍主義は、二つのサイドなのではなく、相対主義の自意識・反省を構成する二つの要因とでも言うべきだろう。

言い換えるならば、「循環」の問題に関して、相対主義と普遍主義は「対称的」ではないということである。相対主義の自意識・反省にとっては、普遍主義の相対化と相対主義自体の相対化という仕方で、普遍主義と相対主義の両方が内面化される。しかし、（相対主義に内面化されない）普遍主義の方は、普遍的なもの・絶対的なものを端的に措定するような、相対主義「以前」でかまわない。つまり、自己言及的な運動が始まる必要はない。その点で、相対主義と普遍主義は、はじめから「非対称的」なのではないか。

だとすれば、（1）〜（5）という循環は、（普遍主義の相対化とさらにその相対化を行う）相対主義にとってのみ生じる問題であって、「普遍主義にとっても同じようなアポリアの循環としてことがらを描き直すこと」は、できないのではないだろうか。あるいは、かりにそれができるとしても、あくまで相対化の運動の中に組み込まれた普遍主義、相対主義の中へと内面化された普遍主義にとって、ではないだろうか。

結局、「循環」とは、相対主義と普遍主義を等しく見渡せる中立的な視点から捉えられる問題ではないということである。むしろ、「循環」は、自己言及的な相対化の運動を自ら反復する視点にとってのみ、問題として現れてくる。

三　「循環のアポリア」の検討

1　B・ウィリアムズの議論に関連して

古茂田論文が提示する「循環のアポリア」において、ウィリアムズ（B.Williams）の議論（註2を参照）が果たす役割は大きい。その議論は、相対主義と寛容との間に楔を打ち込むことによって、前述の（1）と（2）が共有する「相対主義は寛容をもたらす」という前提を解除する。古茂田自身は、「相対主義は不寛容（暴虐）をもたらしうる」という逆の方向へと進むための転回点として、このウィリアムズの議論を利用している。

ウィリアムズの議論は、相対主義を徹底する（相対主義からの帰結自体も相対化する）方向性を持つと言ってよい。その議論は、俗流相対主義を批判し、別の形態の道徳的相対主義の可能性を探るという文脈に位置している。

俗流相対主義は、「道徳のあり方は社会・文化に相対的である」ことから、「別の文化・社会の道徳を、（自らの文化・社会の基準によって）非難したり干渉したりすべきではない」という態度を導く。つまり、道徳は相対的であるという事実から、非難・干渉の禁止という道徳的な態度（寛容）を導く。

しかし、ウィリアムズによれば、この「導出」は誤っている。なぜならば、「非難や干渉はすべきではない」「非難や干渉は正しくない」という道徳的な態度は、非相対的な（文化・社会の違いを超えて普遍的に成り立つ）義務や正しさを主張してしまっているからである。まるで、他の社会・文化へ介入すべきではないことが、普遍的な正しさを持つかのような結論を導いている。これでは、前半での「相対的な正しさ」（ある社会にとっての正しさ）の使用と、後半での「絶対的な正しさ」（普遍的な正しさ）の使用が相いれないことになる。道徳的相対主義から、そのような非相対的な命法を導くことは一貫性を欠く。そのように、ウィリアムズは批判する。「人身御供は、アシャンティ族にとっては正しい」という相対性から、「アシャンティ族の風習に介入してはならない」という非相対的な態度が出てくると思うことは、俗流相対主義の（普遍主義的な）臆見である。

このウィリアムズの議論は、古茂田も言うとおり、「（……）相対主義と寛容との通俗的な観念連合を端的に破壊している点できわめて重要である」（九七頁）。その点には、異論はない。しかし、古茂田は、ウィリアムズの議論から、さらに一歩踏み出して、次のように述べる。

（……）非相対的な命法が出てくるのではなく、全く反対に「私たちはアシャンティ族に人身御供をやめさせるべく努力せねばならない」というまさに自分たちのスキームにとって相対的な命法が出てくるのだ……と（九七頁）。

「反対に……が出てくる」は、勇み足であると思う。正確には、「出てくることも可能である」だろう。「……すべし」「……が正しい」という非相対的な命法は出てこない、という主張自体からは、「……とは反対の態度が相対的に正しい」ということは、直接には出てこない。非相対的な命法が導かれないからといって、ただちに反対の相対的な命法が導かれるわけではない。

実際、ウィリアムズ自身は、「全く反対に……まさに自分たちのスキームにとって相対的な命法が出てくる」とは述べていない。ウィリアムズは、（さらに慎重な留保を後につけながら）次のように述べている。

> その理論（引用者注：道徳的相対主義）が許容しうるのは、せいぜい次のような主張までである。アシャンティ族の社会に干渉しないことは、自分たちの社会にとっては（つまり、自分たちの社会にとって機能的に価値があるという意味で）、正しいというところまでである(2)。

ウィリアムズは、当該の非相対的命法を、ただ単に相対的命法へと修正（限定）しているだけであって、反対の命法を相対的命法として導くことまではしていない。

「勇み足」が、無意識的にまたぎ越してしまったものとは、何であろうか。ウィリアムズの議論自身もまた、その「勇み足」の可能性を潜在させている。古茂田は、それを顕在化させただけだと言うこともできる。この点を検討しよう。

道徳的相対主義からは、非相対的な命法ではなく、相対的な命法こそが導かれるという点は、ウィリアムズの言うとおりである。しかし、その相対的な命法が、いかなる内容のものであるかは、道徳的相対主義の論理からは決まらない。言い換えれば、いかなる内容の命法であっても、それを成り立たせるスキームさえあれば、（そのスキームに相対的に）その命法は成立してしまう。（非相対的にではなく）スキームに相対的にであれば、「アシャンティ族の風習に介入してはならない」という命法が導かれてもかまわないし、それとは別のスキームでは「アシャンティ族に人身御供をやめさせるように努力すべきである」という反対の命法が導かれてもかまわない。つまり、道徳の相対性自体からは、（スキームに相対的に）寛容な態度も導かれうるし、非寛容な態度も導かれるということである。どちらの態度も導かれうるということは、道徳の相対性自体からは、どちらが導かれるかは決定されないということである。

ウィリアムズの議論が示したのは、「相対主義と寛容との通俗的な観念連合を端的に破壊し」たことまでであって、この議論だけから、相対主義と寛容（あるいは非寛容）との、（通俗的ではない）相対的な観念連合が新たに作り出されるわけではない。相対性の議論自体は、その地点で立ち止まるしかない。

にもかかわらず、ウィリアムズの場合には、「アシャンティ族の社会に干渉しないことは、自分たちの社会にとっては、正しい」という（相対的な）寛容の態度が、さらに古茂田の場合には、「私たちは（引用者注：私たちのスキームにおいては）アシャンティ族に人身御供をやめさせるべく努力せねばならない」という（相対的な）非寛容の態度が、導き出されている。どのようにして、それらの態度は導かれるのか。それは、道徳の相対性という事実に加えて、「自分自身」「私たち」が、実際にどのようなスキームに内属しているのか、というもう一つの事実が加わることによってである。

ここには、二つの異なるレベルの事実が働いていることになる。道徳がスキームに相対的であるという事実と、「私たち」がどのようなスキームに実際に内属しているのかという事実である。前者の事実だけからは、どんな態度も導かれうる（どんな態度も決定されない）が、後者の事実が加わるならば、自分自身の内属するスキームに相対的に、ある態度が導かれる。「私たち」がウィリアムズの言うようなスキームに内属していれば、「アシャンティ族の社会に干渉すべきではない」という、そのスキームに相対的な態度が導かれるし、「私たち」が古茂田の言うようなスキームに内属していれば、「アシャンティ族に人身御供をやめさせるように努力すべきである」という、そのスキームに相対的な態度が導かれる。ただし、「私たち」がどのスキームに内属しているかという事実は偶然的なものなので、導かれうる態度もまた、偶然性を帯びる（たとえ、「導出」自体には必然性が含まれているとしても。また、いいいいいとらざるをえない態度であると、どんなに強く感じられるとしても）。

「勇み足」がまたぎ越していた（あるいはその可能性があった）ものとは、この二つの事実の間の懸隔である。アシャンティ族の人身御供に拒否反応を示すスキームに「私たち」が内属しているという事実が、すでに加わっているときにのみ、古茂田の一歩は「勇み足」にはならない。しかし、相対主義と寛容の通俗的な観念連合を切り離すためには、どのスキームに内属しているのかという第二の事実は不可欠ではない。道徳がスキームに相対的である（さらに他のスキームの道徳に対する態度もまたスキームに相対的である）という第一の事実だけから、通俗的な観念連合は破壊される。

この二つの事実は、完全に分離することができる、と言っているのではない。もちろん、この二つの事実は、道徳的相対主義において一体化して働く。それでも、両者が、別の事実として区別されうることに変わりはない。むしろ、異なるレベルの事実が、連動して一つの働きをする、と見るべきなのである。

以上の検討から、次の二つのことが言える。

①　道徳の相対性からは、寛容という態度も非寛容という態度も導かれうる。言い換えれば、道徳の相対性自体は、寛容か非寛容かを決定しえない。ということは、道徳の相対性と寛容という問題は、互いに独立だということである。ウィリアムズは、両者の通俗的な観念連合を破壊した。だが、さらに言うならば、両者のどんな観念連合も、（両者だけからは）成り立ってはいないのである。

②　二つの事実の連動を考慮するならば、「私たち」は二つのレベルで働いていることが分かる。一つは、道徳の相対性という事実を捉えている「私たち」のレベル。もう一つは、スキームに内属して一定の態度をとらざるをえない「私たち」のレベルである。もちろん、二つの別個の「私たち」があるのではない。「私たち」の働き方に二つのレベルが区別されるということである。

①から明らかなように、道徳の相対性と寛容という問題には、直接的な関係はない。にもかかわらず、寛容の問題をめぐって、古茂田の描くような「循環」が生じる（ように見える）とすれば、その原因は、②の「私たち」の働き方にこそある。この観点から、「循環のアポリア」を見直すならば、古茂田が指摘するのとは違った相貌が見えてくるだろう。

2 「循環」の捉え直し

「道徳がスキームに相対的である」ことだけからは、(1)〜(5)の「循環」は発生しない。ただ単に、寛容も非寛容も生じうる（寛容か非寛容かは決定されない）だけであって、寛容と非寛容の間には、「循環」と呼ぶことのできる一つながりのループは発生しない。

一方、「私たちは一定のスキームに内属している」ことだけからも、「循環」は発生しない。「私たち」は、ある一定の態度をとるスキームに内属しているという事実だけからは、ある一定の態度を私たちはとるという事実しか出てこないからである。寛容にしろ非寛容にしろ、あるいは別の態度にしろ、私たちは内属するスキームに応じた一つの態度を、端的にとるだけになってしまう。スキームの中で盲目的に一定の態度をとり続けるだけでは、そこに相対性が入り込む余地はない。

ところが、「私たち」というあり方が、異なるレベルの両方で——スキームに相対的であることを捉える第一のレベルと、一定のスキームに内属し特定の態度をとる第二のレベルの両方で——作動するならば、様相は違ってくる。

まず、普遍主義の不寛容や傲慢を反省し、それを一つのローカルな態度にすぎないものとして相対化する。その場合には、「私たち」は、普遍主義を相対化するポジションを占める。そのポジションは、対立の場に介入し、その対立を相対化することによって解消しようとする場合にも登場する。その場合には、「私たち」は、対立とその対立が共有する地平の両方を捉えるレベルにおいて作動する。

しかし、その「私たち」も、一つの道徳的な態度をとろうとするならば、もう一つのレベル（一定のスキームに内属するレベル・相対化されるポジション）において作動する。したがって、「私たち」が寛容という道徳的な態度をとるとしても、それは、「私たち」のスキームに相対的なものである。「私たちは、アシャンティ族の風習に介入（干渉）してはならない」も、「私たち」のスキームに相対的な命法となる。これが、スキームを超えた普遍的な命法であるかのように見えてしまうとすれば、それは、「私たち」が作動するレベルを見誤っていることになる。一定の態度をとる「私たち」は、すでに相対化される側のポジションへと移行している。これは、ウィリアムズが述べていた道徳的態度の相対化に相当する。

しかしまた、「一定の態度をとる「私たち」は、すでに相対化される側のポジションで作動している」と捉えられるとき、「私たち」は、第一のレベルでも作動している。第一のレベルが作動しているからこそ、「私たち」が別のスキームに内属し、別の態度をとるという可能性も生まれる。つまり、「私たち」が「寛容（非干渉）」のスキームに内属するという把握は、「私たち」が「非寛容（干渉）」のスキームに内属するという想定も、同時に可能にする。そのような仕方で、「私たち」は、第二レベルで作動するときは、つねにすでに第一のレベルでも作動している。

こうして、第二のレベルでは、反対の相対的命法も出てくる。「私たち」が「非寛容（干渉）」のスキームに内属する場合には、「私たちは、アシャンティ族に人身御供をやめさせるべく努力せねばならない」という、「私たち」のスキームに相対的な命法が導かれる。これが、古茂田が述べていた方の道徳的態度の相対化に相当する。

第二のレベルでは、さらに別の相対的命法も出てくる。「私たち」が「非寛容（干渉）」の程度がきわめて高いスキームに内属する場合には、「私たちは、人身御供という野蛮な風習など絶滅させねばならない」という態度さえ導かれうる。これは、古茂田が「逆に「暴虐な植民地主義者」にならないという保証はどこにあるのかという疑念が湧いてくる」（九八頁）と心配する事態に相当する。

スキームに内属するレベルで「私たちち」が働くことと、その内属の相対性を捉えるレベルで「私たち」が作動することとは、表裏一体である。「私たち」が、どのような態度をとるにしても（寛容であれ、非寛容であれ、さらに暴虐であれ）、その態度が自らのスキームに相対的なものであると捉えているかぎりは、第一のレベルでも、「私たち」は作動している。「私たち」は、相対化すると同時に相対化される。つまり、「私たち」は、第一のレベルと第二のレベルの両方で同時に働いている。より正確に言えば、そのような「私たち」のレベル分割を反復することが、相対化の運動である。

次の古茂田の記述は、二つのレベルの「私たち」の同時作動を示している箇所として、読むことができる。傍点を付した部分が、二つのレベルの接続を表現している。

（……）自分の信念が相対的であることを自覚しつつ、にもかかわらず――あるいはだからこそ――暴虐に振舞えるコルテスも存在しうることにならないだろうか（九九頁。傍点は引用者）。

相対化の運動が作動するかぎりは、まさに「存在しうることになる」のである。ただし、それは、寛容であっても非寛容であっても、その態度の内容にかかわりなく生じうる。それは、二つのレベルで「私たち」が作動する（「私たち」が二つのレベルへ分割される）ことが、まさに相対化の運動に他ならないからである。
以上の考察に基づいて、「循環のアポリア」について、古茂田とは異なる診断を下すことができる。

３　「循環のアポリア」の診断

（A）　これは、「循環」というより、むしろ「反復」である。

古茂田は「循環」として描いているが、「循環」のループが成り立っていない箇所があると思われる。

（1）「不寛容（傲慢）」の相対化→（2）「無制限の寛容（無節操）」→（3）相対的な「寛容（非干渉）」→（4）相対的な「非寛容（干渉）」→（5）相対的な「不寛容（暴虐）」の連鎖について、（3）→（4）と（4）→（5）に注目しよう。

古茂田は、（1）→（4）の連鎖を、「無制限の寛容（無節操）」に陥らないことを示そうとする相対主義の精錬過程として、（4）→（5）の連鎖を、阻止する保証が見出せないもの、無理なく導かれうるものとして、描いている。

しかし、まず（3）→（4）は、「相対主義の精錬過程」としての連鎖とは言えない。相対化の運動――「私たち」のレベル分割――は、（3）と（4）とを等しく可能にしているだけである。（3）と（4）につながりがあるとすれば、それは、別のスキームにおいて、同じレベル分割（「私たち」）が反復されているという点だけである。（3）と（4）は、次のステップへの移行ではなく、同じものの反復なのである。

また、（4）→（5）の連鎖を作り出しているものは、相対化の運動の内的な「論理」ではなく、（4）→（5）の移行を危惧しているという古茂田自身の関心である。古茂田が加えるヒューマニスティックな（?）バイアスを除けば、（4）と（5）もまた、同じレベル分割（「私たち」）が、異なるスキームにおいて反復されているということを示しているだけである。結局、（3）→（4）→（5）は、次のステップへの移行ではなく、同じもの反復である。

もう一つは、「こうして話は一巡し、振り出しに戻ることになる」（一〇〇頁）と古茂田が表現する、「循環」のループの「閉じ」についてである。つまり、（5）→（1）である。ほんとうに、「話は一巡し、振り出しに戻って」いるだろうか。いや、ループは閉じてはいない。一見、普遍主義の「不寛容（傲慢）」の批判から出発した相対主義が、最後にもう一度、「不寛容（暴虐）」へと舞い戻ってきて、ループが閉じられているかのように見えるかもしれない。しかし、それは錯覚である。なぜならば、出発点は「不寛容（傲慢）」の相対化であり、帰着点は相対的な「不寛容（暴虐）」だからである。第一に、普遍主義の「不寛容（傲慢）」と、相対的な「不寛容（傲慢）」は、たとえどんなに似ているとしても、相対化を経ていることによって、ずれが生じている。第二に、帰着点が出発点へと重ねられるならば、相対的な「不寛容（傲慢）」の、再度の相対化（相対化の自乗）となるはずである。この二点を考慮するならば、閉じたループの循環ではなく、むしろ出発点と帰着点が微妙にずれた、閉じることない螺旋運動が生じるとでも言うべきだろう。

（B）これは、「アポリア」ではなく、むしろ「相対化の運動」そのものである。

以上からすでに明らかなように、「寛容」をめぐる相対主義の相貌変化は、「アポリア」ではない。それは、政治上のアポリア、人道上のアポリア等ではありえても、相対主義の論理に固有のアポリアではない。むしろ、その相貌変化を構成しているのは、「私たち」のレベル分割の反復（相対化の運動）そのものなのだから、「寛容」をめぐる相対主義の相貌変化は、相対主義のアポリアであるどころか相対化の運動の遂行そのものに他ならない。

アポリアは、相対化の運動からは生じない。むしろ、アポリア（のように見えるもの）とは、古茂田自身のヒューマニスティックな（?）視点と、相対化の運動（メタフィジカルな側面）との間の「すれ違い」を表していると言った方がいいだろう。

言い換えれば、古茂田が危惧するような、「そこにおける収斂は暴力的な強制によってしかもたらされない（……）」（九九頁）という状態や、「（……）「寛大な植民地主義者」でもなく、（……）「コルテス」でもない、もう少しまともな態度の取り方はありえないのだろうか」（一〇〇頁）という問題は、相対主義の相貌変化（相対化の運動）の外部でこそ、その論理展開とは無関係な地平でこそ、政治的実践の問題として発生する。「暴力的な強制」に陥らないようにすることも、「もう少しまともな態度を取る」ことも、「相対主義のアポリア」を解決することからは生じないし、逆に「相対化の運動」によって阻害されるものでもない。これは、政治上・人道上の問題解決が、メタフィジカルな問題次元とは無関係なところで生じるということにすぎない。

相対主義は、純化されることによって、精錬されて強固になるのでも、アポリアに陥って瓦解するのでもなく、ただ単に空虚で不毛な段階（反復する私たち）に至るだけである（空虚で不毛であることは、特に悪いことではない）。そこからは、特定の政治的立場も特定の信条も、何も導かれはしない。あるいは、「何も導かれない」という認識や無関係性だけが導かれる(3)。

四　「脱出の方途」、そして「収斂」について

古茂田が「循環のアポリア」として記述していたものを、相対化の運動として読み換えるならば、そこから脱出することはそもそも不可能であるし、またその必要もない。「私たち」は、レベルの落差を反復し、遂行的な絶対性を立ち上げつつ、外部のなさを再生産し続けるのだから、脱出は不可能である。「私たち」には外部はない。また、それは、アポリアではなく、相対主義の純化された空虚な姿なのだから、別に脱出する必要もない。

しかし仮に、「循環のアポリア」が、「循環」としてまた「アポリア」として成立しているとしても、それに対する古茂田・ローティの「解決策」は、はたして妥当なものなのか。その点を考察しておこう。

「循環のアポリア」を脱するために、相対主義／絶対主義という枠組み自体を廃棄するという古茂田・ローティ的な方策は、うまくいくのだろうか。その方策の基本線は、こうである。循環のアポリアを発生させる前提として、相対主義／絶対主義という枠組み（対立図式）がある。そこで、循環の

アポリアを脱するためには、その前提を放棄すればよい。その前提の放棄を可能にするのが、文化や共同体の差異を、公理体系間のリジッドな差異のモデルによって考えることをやめて、程度の異なる諸々の差異が織りなす編み目の組み換えとして捉えなおすという「視点の変更」である。

私の疑問は、こうである。一方を破棄すれば他方も避けられるほど直接的に、「循環のアポリア」の発生は、相対主義／絶対主義という枠組み（対立図式）に依存しているのだろうか。

もちろん、「循環」の出発点では、普遍主義（絶対主義）の不寛容・傲慢を、相対主義が批判し相対化するという形で、両者の対立図式が設定される。しかし、「循環」の成立は、その単純な対立図式によってではなく、むしろ、その二項対立の図式が機能不全に陥る（少なくとも、単純には成立しない）ことによってこそ、もたらされていたのではなかったか。なぜならば、絶対主義（普遍主義）の不寛容・傲慢と対立するかに見えた相対主義が、こんどは自ら普遍主義（絶対主義）の不寛容・傲慢のポジションへと回帰するというのが、「循環のアポリア」だったからである。相対主義／絶対主義という二項は、最初は対立するかのように見えても、実は互いに通底し、相互に反転してしまうという姿こそが、「循環」と呼ばれるのにふさわしい。だとすれば、「循環のアポリア」の発生は、相対主義／絶対主義という枠組み（対立図式）の確定・硬直にではなく、その枠組み（対立図式）の不確定性・決定不能性にこそ由来する、と言うべきではないか。

これに対して、次のような反論があるかもしれない。相対主義／絶対主義という二項が、相互に反転してしまうのは、まさに両者が、対立の底で同じ前提を共有するからである。対立するものは似たものどうしであり、それゆえ互いに相手と反転し合うのだ。その前提（似たところ）とは、共同体間の差異を固定的に捉えるところである。その前提を放棄するならば、相対主義／絶対主義の反転すなわち循環に巻き込まれることもまた、回避されるのである、と。

しかし、この反論はうまくいかないだろう。なぜならば、その反論が行っていること――すなわち、対立の底にあって共有されている前提を顕在化して、その前提とは別のところへと移動していくこと――は、まさに相対化の運動に他ならないからである。それもまた、相対主義の新たな形である。相対主義／絶対主義という枠組み自体を廃棄するという試みもまた、相対主義の更新なのである。そういう仕方で、相対主義は、形を変えて回帰する。

ここまで来れば、ローティに対しては、次のように言わざるをえないだろう。ローティ自身が規定する「相対主義」(絶対主義と前提を共有しかつ対立する相対主義)に、ローティが端から与していない(陥ってなどいない)ことは、認めてもよい。しかし、それは、ローティ自身がどんな意味での相対主義にも組み込まれない、ということまでは保証しない。相対主義という考え方自体もまた、単純でリジッドな対立図式の中に閉じ込められたままにはならない。同一性が綻びるのは、何も共同体だけではない。相対主義という考え方自身も、自らのボキャブラリーを組み換えながら、変容する。ローティが、その変容した相対主義に巻き込まれていたとしても、少しも不思議ではないし、別に責められるべきことでもない。

「循環」は、固定的で安定した枠組み(対立図式)に基づくのではなく、その図式がねじれて破産しかけることの中にこそ現れる。つまり、「循環」は、ローティが却下する方の相対主義(あるいは相対主義／絶対主義という対立図式)にではなくて、新たに回帰してくる方の相対主義(相対化の運動)にこそ、依存している。したがって、相対化の運動としての「循環」は、古茂田・ローティの方策によっては脱出することはできない。その脱出不可能性は、反復する「私たち」というメタフィジカルなあり方の原事実であって、その解決を試みなくてはならない「問題」では、もともとない。

最後に、古茂田は「収斂」について語っている。「収斂」についての〈よき〉考え方（新たなイメージ）と、〈悪しき〉考え方（自閉的な前提に基づいて考えられた「収斂」）を、古茂田は分けているのであろう。前者については、ローティの主張を援用しながら、「観念的な収斂ではなく、物質的な収斂」（一〇三頁）であると言われ、後者については、超越的な基準による「収斂」——普遍主義——（あるいはその対極としての「収斂」の不在——相対主義——）が考えられている。

これに対する私の疑問ないし反論は、以下の点にある。

まず第一に、「収斂」の不在——相対主義——について。古茂田は、「そういう基準はないのだから永遠に「収斂」はありえない（「収斂」を求めるべきではない）と考える相対主義」（一〇二頁）と述べている。そして、そのような相対主義は、普遍主義と前提を共有していると指摘する。

しかし、相対主義において「収斂」が不在であるのは、そのような事情（超越的な基準がない）にはとどまらない。というのも、相対化の運動は、同じことの「反復」であって、原理的に「収斂」とは相いれないからである。相対主義が、単に普遍主義の対立項にとどまるならば、「「収斂」を求めるべきではない」でいいだろう。しかし、相対化の運動が、相対主義／絶対主義という二項対立自体に収まらず、同じものを反復していく運動ならば、そこには「収斂」が問題になる余地は、原理的にない。「収斂」は、「求めるべきではない」のではなくて、ただ端的にありえないのである。「超越的な基準がない」からではなく、相対化の運動が反復運動であるからこそ、「収斂」はありえないのである。あるいは、「相対化の運動」の反復自体が、すでに「収斂」である、と言ってもよい。

第二に、なぜそもそも「収斂」が、目指される（べき）ものなのか。それが分からない。「収斂」について、〈悪しき〉考え方を廃し、〈よき〉考え方へと転換しようとするのは、「〈よき〉収斂」が生じることを目指しているからであろう。古茂田は、何らかの「収斂」を推奨しているように見える。

しかし、この古茂田の意図は、（公理系モデルと対比された）「信念の編みなおし」モデルと齟齬をきたすのではないか。なぜならば、「信念の編みなおし」モデルから予想されるのは、むしろ不断の組み換えの継続であって、「収斂」ではないはずだからである。少なくとも、「信念の編みなおし」モデルは、「収斂」の不在を排除しない。

私のこの疑問に対しては、「収斂」の新たなイメージとは、そのような「目的」「理念」をイメージさせる「収斂」ではないのだ、と古茂田は反論するだろう。「観念的な収斂」ではなく、「物質的な収斂」である点が重要なのだと。

確かに、「理念」や「目的」や「理想」などという、イデアールな水準での「収斂」ではなく、事実として訪れてしまうとしか言いようのない、マテリアルな水準での「収斂」はきわめて重い。相対化の運動の反復などは、そのようなマテリアルな水準でこそ、停止させられたり、そもそも始まらなかったりする。相対化の運動は、その外のなさを再生産し続けるけれども、マテリアルな水準はその再生産の運動の外から不意にやって来る（あるいはすでにやって来ている）。ルイス・キャロルのパラドックスを、そのようなマテリアルな水準を示すものとして、私はかつて解釈した(4)。

しかし、だからこそ、「マテリアルな収斂」は、それを目指したり、推奨したり、「問題」の解決策として扱ったりすることなど、不可能なものであろう。マテリアルな水準とは、私たちの意図の内容となることが決してない、外部の事実性なのだから。「マテリアルな収斂」は、目指されたり、推奨されたりするかぎり、イデアールな水準のものへと変質してしまう。

したがって、古茂田・ローティが挙げる「物質的な収斂」の例――通貨や公教育や労働様式や行政機構といった諸制度上の収斂、生き方自体に生じる収斂――は、まだ十分にマテリアルではない。それらはどれも、半ば「観念的な収斂」に属する。「観念的な収斂」と対比される「物質的な収斂」は、半ば「観念的」だということである（相対主義／絶対主義が、前提を共有してしまうのと同様に）。

第三に、ローティの議論との関係について。古茂田は、論文の最後のところで、ローティに対して距離をおき、「アメリカ」に対するローティの態度への拒否を表明している。その拒否反応は、至極当然のものだと思う(5)。

しかし、古茂田は、「循環」からの脱出の方途においても、「収斂」の新たなイメージにおいても、ローティの議論に沿った仕方で見解を展開しているし、しかも、それらの議論全体の背景に、ローティの「アメリカ」肯定があることも認めている。このような論述において、背景となる「態度」だけを、その議論全体から切り離してしまうことは、不可能ではないにしても、かなり難しいことが予想される。少なくとも、ローティの「態度」とは違うどのような「態度」が、その同じ議論全体の背景として、注入しうるのかを示さないかぎり、拒否反応は議論へと昇華していかないだろう。

五　おわりに

私自身の相対主義論のスタンスは、前掲拙著『相対主義の極北』においても、本書第六章の「相対主義と時間差と無関係」においても、また古茂田論文を検討した本章においても、メタフィジカルである。しかし、そのことから、古茂田の政治・社会哲学的な相対主義論との対比を、次のように考えてしまうとすれば、それは適切ではないと思う。すなわち、入不二の相対主義論は、思弁的・メタ理論的な領域のものであり、古茂田の相対主義論は、現実的・実践的な領域のものであって、前者の効果は後者へは及ばず、前者は現実的・実践的な力を持たない、と(6)。そう考えてしまうと、重要な点を見逃してしまう。その重要な点とは、相対主義（論）を「寛容」や「収斂」や「まともな態度の取り方」という問題から切り離し、両者の無関係性をこそ浮かび上がらせるという「思弁的・メタ理論的」な作業それ自体が、ある種の「倫理的」なものでもある、という点である。関係のないものどうしの間に、新たな関係を作り上げるのではなく、関係のないものどうしの無関係性を、（結局は不可能ではあっても）保持しようとすること。それは、メタフィジカルであると同時にエスィカルでもある。あるいは、「効果が及ばない」という（無）効果の方こそが、すぐれて現実的・実践的であるような水準がある。こうして、相対主義の問題は、無関係性の問題へと接続していく。

第八章　プロタゴラス説のあるべき姿

一　はじめに

本章では、プロタゴラスの人間尺度説を、ソクラテス的な解釈から解放することを試みる(1)。人間尺度説が持つ哲学的な含意を十分に引き出そうとするならば、ソクラテス的な解釈を逸脱せざるをえない。

プロタゴラスの人間尺度説は、「万物の尺度は人間である。あるものについては、それがあるということの。あらぬものについては、それがあらぬということの」（『テアイテトス』152a）という説として、よく知られている(2)。しかし、この説が表すこと、いや表しうることは、ソクラテスが考えるほど「狭い」ものではない。たとえば、「尺度」である「人間」を、ソクラテスは「各個人」のことだと解釈しているが、果たしてそれでいいのか。「人間」とは、「各個人」のことではなく、「人間全体」のことではないのか(3)。

いや、尺度としての「人間」を、「各個人」から「人間全体」へと広げただけでは済まないほど、人間尺度説の射程ははるかに大きい。尺度としての「人間」とは、「個人」以前の段階からすでに始まっている何かでもありうるし、さらに「各個人」の段階を経由するものでもあるし、さらにまた「人類」という枠にさえ収まらない何かでもありうる。しかも、そのどれか一つなのではなく、そのどれでもあるようなプロセス全体を、人間尺度説は表していると、私は考える。それは、（閉じることはないが）環を描くようなプロセスになるはずである。

あらかじめ失われている絶対性が転移し続けること、そしてそれに伴って相対化が繰り返されること、そのプロセスの全体こそが、プロタゴラス説（相対主義）のあるべき姿である。プロタゴラスの人間尺度説は、このプロセスの初発も中途もその先も表すことが可能である。にもかかわらず、ソクラテスによる人間尺度説の解釈では、そのプロセスのほんの一部分を断片として取り出すだけに留まってしまう。そこで、人間尺度説をソクラテス的な解釈から解き放ち、その可能性を追跡してみたい。

二　人間尺度説は「各人の現れ＝各人の真理」説か

『テアイテトス』の第一部では、「第一定義」（1）が知識の定義の試みとして提示され、それが批判的に吟味される。その際（1）は、（2）（3）のプロタゴラス説と同じことを別の仕方で語った説として見なされている。さらに、プロタゴラス説は、（4）の万物流転説とも同一視される。

（1）知識とは、感覚・知覚・現れ（アイステーシス）である。【知識＝感覚・知覚・現れ説】

（2）万物の尺度は人間である。あるものについては、それがあるということの。あらぬものについては、それがあらぬということの。【人間尺度説】

（3）各人（私やあなた）にとって現れているとおりに、その各人にとってはそうである。【各人の現れ＝各人の真理説】

（4）いかなるときにも、何ものもありはしないのであり、たえず生成しているのだから。【万物流転説】

この（1）～（4）の差異をいっさい無視して、あたかも同一の主張であるかのように扱ってしまうことは、あまりにも乱暴である[4]。知識の第一定義（1）とプロタゴラス説（2）（3）と万物流転説（4）は、いったいどのような関係になっているのか、それを精査する作業は不可欠である[5]。しかしここでは、次の一点にのみ、焦点を絞ることにする。それは、（2）と（3）の同一視についてである。

ソクラテスは、テアイテトスに（2）イコール（3）を受け入れさせた後、「冷たい」「寒く感じる」の事例を用いて、（3）を具体化する（『テアイテトス』152a-c）。しかし、ソクラテスはあまりにも性急ではないだろうか。（2）イコール（3）は、それほど自明ではないのだから。ソクラテスは

「私にとって」「きみにとって」という対比をいきなり持ち出して、その「私」や「きみ」は人間であると言う。この指摘によって、(3)こそが(2)の意味なのだということを、テアイテトスに認めさせる。しかし、このソクラテスの議論は、あまりにも弱い。

たとえ「私」や「きみ」が人間であるということは認めたとしても、その逆は必ずしも成り立たない。つまり、プロタゴラス説における「人間」が、「私」や「きみ」という各人のことを表しているという保証はない。それは、あくまで可能性の一つにすぎない。その方向にのみ限定して考えてしまうと、プロタゴラス説の潜在的な力を、あらかじめ小さく見積もることになってしまう。

ソクラテスは、(2)イコール(3)を認めさせた後、「風」の例を使って、テアイテトスに二者択一を迫る。一つの選択肢は、「風は、それ自体で冷たい(あるいはそれ自体で冷たくない)」であり、もう一つの選択肢は、その自体性を否定して、「風は、寒く感じている者にとっては冷たいのであり、寒く感じない者にとっては冷たくないのである」と主張する。前者の「自体性」に対して、後者は「各自性」を主張している。もちろん、「各自性」は、(3)の【各人の現れ＝各人の真理説】の核心に位置する。

テアイテトスは、あまりにも素直に二者択一に応じて、「各自性」を受け入れ、対話は先に進んでいく。しかし、この二者択一においても、ソクラテスは性急すぎる。テアイテトスは、すんなり二者択一に応じるのではなく、ここで踏みとどまって考え直してみるべきだったのではないか。この二者択一が正当な選択肢なのかどうかということを、さらに、そもそも(2)イコール(3)に同意することが適切だったのかどうかということを。テアイテトスは、たとえば、次のように応答することもできたはずである。

「風は、それ自体で冷たい」と「風は、きみにとっては冷たく感じられている（だけである）」の間には、もう一つの選択肢といいましょうか、必ずしも二つのどちらか一方に属するとは言えない中間項のようなものがあるように思われます。ですから、かのプロタゴラス説を検討するのに、先ほどの二つを対比するだけでは、不十分なのではないでしょうか。その中間項というのは、「風はそれ自体で冷たい、まさにそのように現れている」というものです。

つまり、「自体性」と「各自性」の二者を対比して、後者にプロタゴラス説を割り振るのがソクラテスである。それに対して、ありうべきテアイテトスの応答は、その中間にこそ「現れ」を挿入し、そこにプロタゴラス説の端緒を見ようとする。「現れ」が中間項であるとは、どういうことか。「現れ」を、「自体性」「各自性」の両者と比較しておこう。

三　中間項としての「現れ」

まず、自体性と現れとは、内的な関係にある。現れは、その中に自体性を含み込んでいる。つまり、「ψ」を自体性の表現であるとすれば、現れは必ず「まさにψというように現れている」という形をとる。各自に応じて各自なりに「現れている」というのではなくて、まさに自体的な様相でこそ「現れている」ということが重要である。だから、自体性と現れとの差とは、「客観的な事態」と「各人の主観的な感覚」のような主客の差ではなく（自体性と各自性の差は、それに相当する）、むしろオブジェクトレベルとメタレベルの差に相当する。すなわち、「ψ」と「まさにψというように現れている」の差は、「風は冷たい」と「「風は冷たい」は日本語で書かれている」の差に近い。したがって、現れは自体性に依存していて内的な関係にあるが、自体性そのものではない。

　次に、現れは、各自性のようには各人の存在をまだ含意していない。ソクラテスが提示する「各自性」の表現には、複数の人間が同じ資格で登場するし、登場できなければならない。一方、現れの表現には、複数の者どころかまだ一人の人間も登場しない。「風は冷たい、まさにそのように現れている」。ただそれだけである(6)。

　あるいは、あえて書き込むとしても、「風はそれ自体で冷たい、まさにそのように私に現れている」となるだろう。しかしこの場合の「私に」は、別の誰かと対比される一人の人間ではまだない。それは、オブジェクトレベルとメタレベルとのレベル差の明示表現にすぎない。現れの表現における「私に」は、まだ各自性を担う「人間」（すなわち複数の中の一人としての何者か）にまでは達していないのである。このような仕方で、現れは、自体性と各自性の中間に位置づけられる。

四　「現れ」と「真理」

真理というあり方が成立するのは、すでに真偽両様の可能性が開かれているところにおいてである。

風は冷たいということが「真理」であるためには、「風は冷たい」ということが、真であることも偽であることもできるのでなければならない。つまり、事実が、ただ単に「事実」として存在するだけではなく、「真理」として成立するためには、現れと事実との乖離可能性が確保されたうえでなお、両者が一致しているのでなければならない。言い換えれば、「真理」が成立するためには、端的な事実から離れることができたうえで、なおそれとの一致が成り立つのでなければならない。

いわゆる「真理条件」は、この事情を的確に示してくれる(7)。「風は冷たい」が真であるのは、（実際に）風が冷たいときであり、そのときにかぎる。ここには、風は冷たいという事実が、ただ単にあるだけではない。「風は冷たい」という言明と、それを真にする当のものとのあいだに、分離可能でありかつ一致しているという関係が成り立って初めて、「端的な事実」は「真理」となる。現れと事実とのあいだには、分離可能性と一致が同時に発生しなければならない。真理条件（「ψ」が真であるのは、ψであるときであり、そしてそのときにかぎる）の場合は、「　」とその解除との落差が分離可能性を表し、同じψの出現が一致を表してくれる。

「風は冷たい、まさにそのように現れている」という中間項は、分離可能性と一致が同時発生する場（すなわち「真理」の場）に他ならない。「現れ」の次元がまったく出現しないならば、風は冷たいことはただの「事実」ではありえても、「真理」にはならない。風は冷たいという事実が、「風は冷たい」という言明を真ならしめるものとして、改めて捉え返されることによって初めて、真理の次元が開かれる。

すなわち、端的な事実から、「その事実が現れ出る」という水準へと移行することによって初めて、真理空間が立ち上がる。風は冷たいということが真理であるとは、そのように現れていて、かつその現れと事実が（乖離する可能性がありながらも）一致しているということである。「現れ」には、真理条件における「ψ」と同様の役割が科せられている。

このことは、次のことを意味している。「真理」の出現と相対化の発生は、厳密に等根源的であるということ、これである。もちろん、この「相対化」とは、ソクラテスが考えたような各人への相対化などではない。「真理」が「真理」として成立するためには、それが「真理」ではない可能性（「現れ」が「事実」と乖離している可能性）も織り込み済みでなくてはならない、という相対化である。「真理」が何ものかに対して相対化されるのではなく、「真理」というあり方自体が、すでに（根源的な）相対化を含んでいるのである。「現れ」は、「真理」を立ち上げるものであると同時に、「真理」を挫きうるものでもなくてはならない。こうして、「真理」は現れることによって、そもそもの始めから、端的な事実の次元、つまり「誤り」のありえない（よって「正しさ」もない）次元からは転落してしまっている。これが、「真理」自体が含む相対性（「真理」の源初的な相対性）である。

人間尺度説は、このような「源初的な相対性」を表していると解釈することもできる。すなわちこの解釈では、「万物の尺度は人間である」は、次のようになる。「現れ」の出現こそが真偽の可能性のおおもとにあって、いわば真理の湧出点である。その意味において、真理（万物の尺度）は、そもそも現れ（人間）に依存的なものであって、端的な事実（万物そのもの）からは、転落している。

さて次に、「真理」からあらかじめ失われている絶対性（端的な事実の絶対性）が、中間項としての「現れ」へと転移する。「真理」は、「現れ」によって立ち上がるからこそ、源初的な相対性を帯びている。すなわち、真理は、真理でない可能性の中でのみ真理でありうる。「真理」は、そもそものはじめから、「誤りのありえないもの」ではありえないのである。もちろん、「誤りのありえないもの」とは、正しいもののことではなく、「正しい」こととも「誤りである」こととも無縁のもの――端的な事実――である。その「誤りのありえなさ」を、「現れ」は引き継ぐ。「現れ」は、「真理」には失われているもの（絶対性）を、自らに取り戻そうとする。

「風は冷たい、まさにそのように現れている」という「現れ」は、ことの本質からして、事実と一致していることも、そうでないこともありうる。しかし、事実との一致がどうであれ、「そのように現れている」こと自体（「現れ」の事実性）は、現れている以上、打ち消しようがない。「風は冷たい」が真理であろうと、ただの「現れ」にすぎなかろうと、「そのように現れている」ことには変わりはない。そのように現れていることは、まさにそのように現れているしかない。そこには、ずれの可能性がそもそも用意されていないのである。したがって、「現れ」としての「現れ」（「現れ」の事実性）は、真でも偽でもありえない。「現れ」それ自体は、それが開く真理空間の中には位置づけられない側面を持っていることになる。こうして、「誤りのありえなさ」という絶対性が、「現れ」のところへと転移する。もちろん、「誤りがありえない」とは、「正しい」ということではなく、そもそも真理空間の内部にないということである。

ソクラテスもまた、この転移の影響下にある。ソクラテスは、（1）の【知識＝感覚・知覚・現れ説】と（3）の【各人の現れ＝各人の真理説】との関係について、次のように捉えている（『テアイテトス』160c-e）。各人にとって現れていることが、各人にとってはそのまま真なのであり、各人はその現れについては誤ることがありえない。誤りようのないこと、すなわち真理を手にしているということは、知っている（知識を持っている）ということに等しい。各人が各人なりの知者なのである。「誤りのなさ」という点を介して、（1）の【知識＝感覚・知覚・現れ説】と（3）の【各人の現れ＝各人の真理説】とは繋がっている。このようにしてソクラテスは、テアイテトスによる第一定義を、「各自性」によって解釈されたプロタゴラス説へと接続させている。

もちろん私は、二つの点でソクラテスに同意できない。一つは、「現れ」をただちに各自性と結びつけている点であり、もう一つは、「現れ」の「誤りえなさ」をただちに「真理」へと結びつける点である。「現れ」は、むしろ「自体性」と「各自性」の中間に位置すると考えられるし、「現れ」の「誤りえなさ」は、「真理」ではなく「真理」以前（真理空間の外、あるいは事実性）と結びつくのでなければならない。

もう一度、次の点を確認しておこう。「現れ」の出現こそが「真理」を立ち上げるからこそ、「真理」はそもそもの始めから相対性を帯びている。そして、そのことによって「真理」があらかじめ失っているもの（絶対性）は、「現れ」（の事実性）のところへと転移する。相対性と絶対性はこのように共起し、さらにそれは反復されることになる。

五　「現れ」から「各自性」へ

このような状況（源初的な相対性と絶対性の転移）を確認した後でこそ、ソクラテスが述べるような

「各自性」は、登場すべきなのである。つまり、各人への相対化は、すでに第二段階の相対化である。それは、「現れ」へと転移した後の絶対性を相対化することであり、それと共に、また別の所へと絶対性を転移させていくことでもある。

「現れ」へと転移した絶対性は、「誤りえない」と「対を持たない」という二つの意味を持つ。もちろん、「現れ」は、それが開く真理空間内では「誤りうる」(事実と一致しないことがありうる)。しかし、現れているように現れているという点では、すなわち真理空間を開いているという点においては、「誤りようがない」(また正しいというわけでもない)。そして、「現れ」は、自体的な様相でこそ現れているのであって、各自性以前の段階である。それゆえ、「現れ」は、隣接項(対比される他の現れ)を持たない(8)。つまり、まだ「対」を絶しているのである。

第二段階の相対化では、その絶対性を帯びた「現れ」こそが、各人へと相対化され、複数化される。ソクラテスは、あたかもそこ(各自性・複数性)が、出発点であるかのように議論を始めるが、そこに到達するまでに(つまり第一段階から第二段階への移行で)、何が起こっているのかの方が重要である。

そこで起こっているのは、もともと俯瞰することのできないものを、俯瞰可能なものへと変換してしまうことである。「現れ」をその外から俯瞰することは、そもそも意味を持たない。その俯瞰すること自体が「現れ」なのだから。「現れ」とはそもそも全体の出現だからこそ、それを外から眺めることはできない。しかし、その「全体としての現れ」を、その中に登場する部分アイテムへと局所化してしまうことによって、「各人への現れ」が出現する。いわば、全体を部分へと埋め込む変換を経てようやく、各人が各人なりの「現れ」を持っているという「ソクラテスの出発点」へとたどり着く。

この変換（全体をその内なる局所へと埋め込むこと）が、源初的な相対化に続く、第二段階の相対化である。それは、ソクラテスの述べるような「各自的な相対主義」そのものではなく、そこへと至る前に起こっている相対化である。

「風は冷たい、まさにそのように現れている」と、「ある人には、風は冷たいと現れているが、別の人には、そう現れてはいない」とでは、「現れ」のあり方がそもそも異なっている。前者の自体的な「現れ」がまず開かれて、その中においてこそ、後者のような各自的な「現れ」の並列は可能になる。つまり、後者の並列した「現れ」は、むしろ前者の「現れ」の内部にこそ位置する。「〈ある人には、風は冷たいと現れているが、別の人には、そう現れてはいない〉、まさにそのように現れている」とでも、言うべきである。ソクラテスは、変換が終わったところから出発してしまうために、各人にとっての「現れ」が、すでに二段階の相対化を経ているということを、忘却してしまう。

このように、「問題が終わっているところから始める」という俯瞰的な視線は、『テアイテトス』第一部の他の部分にも見られるのだが、今はそのことにはふれないでおこう(9)。いずれにしても、各自性に基づく相対主義を検討する前の段階で、すでに重要な相対化がなされてしまっているのである。

六　「各自性」以後

「各自性」を導入した後の段階でのソクラテスの議論を、検討しよう。

周知のように、ソクラテスによれば、プロタゴラス説はプロタゴラス説自身を否定することになる。

すなわち、プロタゴラス説は自己論駁的であるとされる。その議論は、第一の「弱い議論」（『テアイテトス』170c-171a）と第二の「強い議論」（『テアイテトス』171a-d）に分けることができる。自己論駁の批判として特に重要なのは後者である。しかしそれぞれにおいて、「各自性」にどのような変形が加えられているかに注目したい。

ソクラテスは、プロタゴラス説賛成派と反対派を並べて、両者の見解を見渡し、相互に比較する。その意味でやはり、ソクラテスの視座は俯瞰的である。ソクラテスは、次のように議論を進める。プロタゴラス説に賛成するか、プロタゴラス説に反対するかのどちらかであるが、前者であっても後者であっても、プロタゴラス説を偽であるとみなすことになる。すなわち、プロタゴラス説反対派だけではなく賛成派自身も、プロタゴラス説が偽であることを認めることになる。それは、次のようにしてである。

まず、二つの選択肢が提示される。

（1）　各人にとっての現れは、つねに真である(10)。

（2）　各人にとっての現れは、真のことも偽のこともある。

（1）はプロタゴラス説賛成派の選択肢、（2）はプロタゴラス説反対派の選択肢である。そして、（1）を選択しても、結局のところ（2）が帰結するので、いずれにしてもプロタゴラス説は偽であることが導かれると、ソクラテスは言う。

この後、「各自性の交差」とでも呼ぶべき考え方が、使われることに注目したい。その「交差」によって、もともとの「各自性」は、少々変形される。すなわち、「ある人にとっての（真なる）現れが、その人にとっては真である」という各人内在的な各自性から、「ある人にとっての現れが、別のある人にとっては、偽である」という各人横断的な各自性へと変わる。この「各自性の交差」によって、「（ある人の）現れ」が、「その本人にとって」も「別のある人にとって」も、いわば中立的に（「誰にとってであるか」を離れて）真偽の判定ができるかのように、扱われるようになる。そのような「各自性の交差」をいったん認めるならば、（1）から、次のような事態が導かれる。

（1-1）あなたにとっては、あなたにとっての現れは、真である。
（1-2）他のものたちにとっては、（あなたにとっての現れとは）異なる現れが、真である。
（1-3）他のものたちにとっては、あなたにとっての現れは、偽である。

（1-1）と（1-2）の対比は、まだ各人内在的な各自性に留まっているが、（1-1）と（1-3）の対比は、「交差」が行われて、各人横断的な各自性へと移行している。このような「俯瞰」の深まりの中では、（1-2）と（1-3）は、同じことを表していると見なされるだろう。

（1-1）と（1-3）の「あなた」をプロタゴラスに、「あなたにとっての現れ」を人間尺度説（という考えの現れ）に置き換えると、次のようになる。

（1－4）　プロタゴラスにとってはプロタゴラスにとっての現れ（人間尺度説）は、真である。

（1－5）　他のものたちにとっては、プロタゴラスにとっての現れ（人間尺度説）は、偽である。

こうして、（1）というプロタゴラス説の方を選択しても、（1－4）（1－5）へと至る。この（1－4）＋（1－5）とは、結局（2）のことに他ならない。すなわち、（2）というプロタゴラス説の否定が、（1）というプロタゴラス説から帰結したことになる。ここまでが、「弱い議論」である。「弱い議論」では、「各自性の交差」を利用することによって、（1）を（2）へと帰着させた。さらに「強い議論」では、「各自性の階差」が出現する。「各自性の交差」が、各人相互間で生じる（いわば水平的な）「現れ」の交差であるのに対して、「各自性の階差」とは、一人（たとえばプロタゴラス）においてこそ生じる、垂直的な「……にとって」の高階化である。

（1－4）と（1－5）はともに、（1）という人間尺度説から帰結することであり、プロタゴラスはその両方を真として容認する。ソクラテスはそう考えている。プロタゴラスが、（1－5）を真として容認することは、次のように表せるだろう。

（1－6）　プロタゴラスにとっても、「他のものたちにとっては、プロタゴラスにとっての現れ（人間尺度説）は、偽である」は、真である。

自説（人間尺度説）が偽であるとプロタゴラス自身も認めていることを、（1－6）は表しているのだと、ソクラテスは考えている。しかも、そのように自説の誤りを認めるのは、プロタゴラス側のみであって、他のものたちの側はそうではない。そしてさらに、プロタゴラス側だけは、そのこと（自分の側のみが自説の誤りを認め、他のものたちの側は自説の誤りを認めないこと）もまた、認めなければならない。つまり、（1－7a）→（1－7b）→（1－7c）のようになる。

（1－7a）プロタゴラスは、自説（人間尺度説）が誤りであることも、容認する。

（1－7b）他のものたちは、自説（反人間尺度説）が誤りであることを、容認しない。

（1－7c）プロタゴラスは、「他のものたちは、自説（反人間尺度説）が誤りであることを、容認しない」ことも、容認する。

こうして、（1）を選択する（人間尺度説をとる）ならば、（1－6）や（1－7）のように、人間尺度説を偽と認め、反人間尺度説を容認することになる。ここまでが、自己論駁を指摘するソクラテスの議論の骨子である。

以上のソクラテスの議論に欠陥があることを指摘することは、難しいことではない。たとえば、前半の「弱い議論」において、多くの研究者が指摘してきたことだが(11)、次のような欠陥を挙げることができる。「……にとって」は、プロタゴラス説の最重要語であるはずなのに、ソクラテスの批判はその重要性を見落としている。というのも、（1）は、「各人にとっての現れは、その本人にとっては、つねに真である」でなければならないのに、「……にとって」の部分を除去してしまっている。

同様に、「Xにとっての現れ」は「Xにとって」のみ現れるはずなのに、X以外のものたちが、その現れをニュートラルな対象のごとく扱い、あたかも真偽の判定ができるかのように見なすこと（各自性の交差）は、勇み足であろう。

「強い議論」においても、同様の誤りをソクラテスは犯している。すなわち、「自説（人間尺度説）が偽であるとプロタゴラス自身も認めていることを、（1-6）は表しているのだ」と考えるのは、誤っている。その誤解は、次のように「他のものたちにとっては」を勝手に除去して考えることから生じている。そのように誤った除去をしないかぎり、（1-6）は自己論駁には陥らない。

　プロタゴラスにとっても、「~~他のものたちにとっては、~~プロタゴラスにとっての現れ（人間尺度説）は、偽である」は、真である。

しかし重要なことは、ソクラテスの誤りを正すことではない。むしろプロタゴラス説は、その誤った批判（毒）をも飲み込むことによって、別の形へと変貌しうる。そのことの方が、重要である。ソクラテスの批判は、プロタゴラス説を自滅させるどころか、別の姿へ脱皮するのを手助けする。

第二段階の相対化（全体の局所化）が済んでしまっているところから、すなわち各人の複数の「現れ」を俯瞰するところから、ソクラテスの議論は始まっていた。その議論は、「各自性の交差」と「各自性の階差」を経て、今度は逆の「局所の全体化」へと進んでいる。（1-6）に表れているように、プロタゴラスと他のものたちとは、すでに対等ではない。つまり、他のものたちと相並んでいたプロタゴラス（局所）が、今度は両者を包摂する「全体」として働いている。あるいは、プロタゴラスは局所としても全体としても二重に働く、と言ってもよい。（1-6）に「プロタゴラスにとって」が二回登場することが、それを表している。前半（外側）の「プロタゴラスにとって」が全体であり、後半（内側）の「プロタゴラスにとって」が局所である。「各自性」以前の「現れ」の絶対性（隣接項のなさ）が、もう一度形を変えて（1-6）の外側のプロタゴラスのところに回帰してくる。

しかも、ソクラテスが（1-7）で示してくれているように、「全体の局所化」も「局所の全体化」も一度で終わるものではなく、反復される。そして、いちばん外側で繰り返される「プロタゴラス」という位相は、容認しないことをも容認するという仕方で、つまり否定すること自体もまた肯定するという仕方で、絶対的な肯定性として機能し続ける。

さらにまた、その外側という位相は、対比項を内側へと落とし込むことによって、自らの外には対比項を無くすように機能している。それに伴い、内側では、各自的な相対性が再生産され温存される。こうして、ソクラテスの開始地点より前で生じていたこと（相対性／絶対性の共起）が、自己論駁による批判が終わろうとしている場所でも、繰り返されるのである。このようなプロセスの側から見るならば、ソクラテスによる勇み足的な批判もまた、その中に組み込まれた一要素ということになる。

このように、人間尺度説のあるべき姿は、「源初的な相対化」と「絶対性の転移」、「全体の局所化」と「局所の全体化」を含む。この場合、尺度である「人間」とは、単に各個人であるのでも、人類全体なのでもなく、その両方を含みつつ働くそれ以上の何かである。むしろ、相対性／絶対性の共起・反復のプロセスの一断面として、個人や人類のレベルでの「相対主義」が現象する。

七 「私たち」が召喚される

（1-6）や（1-7）のようにプロタゴラスがいちばん外側で働く場合には、実は「真理」ではなく「意味」こそが、問題になるはずである。「真理」についての相対性は、「意味」についての同一性（絶対性）を前提にせざるをえないが、ここではむしろ、当の「意味」についてこそ、その相対性（非同一性）が問題化する(12)。

プロタゴラスとその他のものたちは、人間尺度説を真とするか偽とするか（相対主義は正しいか誤っているか）で争っているかのように見えるが、実はそうではない。そもそも、両者は、〈同一の〉人間尺度説・〈同一の〉相対主義について対立することができない仕組みになっている。というのも、同じものについての対等な対立であるように見えても（（1-4）（1-5）のように）、実は位相の異なるものとして両者はすれ違わざるをえないからである（（1-6）のように）。外側の人間尺度説は、同一のものとして確定することを避け続ける。

また、プロタゴラスの側は、その他のものたちが主張する「（端的な）真・偽」の「意味」を、結局は理解できないだろう（その他のものたちの側も、プロタゴラスの主張する「（相対的な）真・偽」の「意味」を、結局は理解できないはずである）。もちろん、プロタゴラス側からも、「（端的な）真・偽」は「……にとっての真・偽」の省略形としては理解できる。しかし、それ（省略という二次性）は、その他のものたちが考える「端的さ」（一次性）を、ついに捕捉できない。両者は、「真・偽」という次元で対立しているように見えながら、そもそもその「真・偽」の「意味」自体においてすれ違っているのである(13)。
さらに（1-7）のように、この位相のずれは反復されるので、プロタゴラスが容認する人間尺度説とその他のものが容認しない人間尺度説とは、永遠にすれ違い続ける構造になっている。いわば、外側と内側では「人間尺度説」や「真・偽」の「意味」が、別のものであり続けて出会わないようになっている。

しかしそれでは、なぜそのこと——外側と内側では「意味」自体がずれ続けること——が、こうして分かってしまうのだろうか。プロタゴラス自身には、そしてその他のものたち自身にも、その「意味」の決定的なずれは気づかれることがないはずである。両者自身にとっては、「同じもの」について、「同じ」真・偽概念を使って対立しているかのように思えるからこそ、（『テアイテトス』が叙述するように）対立や議論が進行しうる。

その「意味」のずれが分かるのは、プロタゴラス自身でもその他のものたち自身でもなく、ソクラテスのポジションに立つ者である。そのポジションは、外側のプロタゴラスと内側のその他のものたちの両方を視野に入れて、その両者を比較して論じることができる位置である。いわば、外側のプロタゴラスのもっと外側に、ソクラテスがいる。正確に言い直すならば、「もっと外側のポジション」とは、登場人物としてのソクラテスのことではない。ソクラテス＝プラトンが展開する議論を辿ることを通して、現にこのように考えている「私たち」、この遂行的なポジションこそが「もっと外側」なのである。「私たち」とは、「意味」のすれ違いをも、「すれ違い」として明示できてしまうポジションのことである。「言語ゲーム」の限界としての「私たち」と言ってもいい。それは、不一致やすれ違いにさえ（こそ）前提されてしまう、言語ゲームにおける一致あるいは意味論的な連続である。こうして、プロタゴラス説は「私たち」を召喚する(14)。

人間尺度説は、「真理」についてのみならず、「意味」についての説でもありうる。その局面では、「人間」とは、各個人でも人類全体でもなく、外側で働く「私たち」である。「万物の尺度は人間である」とは、「真理（万物の尺度）」の尺度として働くのが「意味」だということであり、そのような尺度としての「意味」とは、不一致にも先立ち続ける一致（「私たち」の一致）に他ならない。そして、「現れ」が（真理の場において）そうであったように、「私たち」というあり方も、「彼ら」という意味論的な他者（対立項）を持つことなく、外のない全体である。その点において、「私たち」は絶対的なあり方を受け継いでいる。つまり、絶対性は「私たち」へと転移する。

八 「私たち」の相対化

「私たち」という絶対域も、過去や未来という時間によって相対化される。ただし、想起される「過去」や予期される「未来」によってではない。「私たち」という意味の領野にけっして取り込むことのできない時間だけが、「私たち」を相対化する(15)。

「私たち」の内に取り込めない過去とは、時間的に遡ればそこに至ることが想定されるような（時間軸上のどこかにあるような）過去のことではない。そのような想定自体が、「私たち」の拡張運動なのだから。「私たち」を相対化する過去とは、「私たち」にあらかじめ失われていて、いつまでも失われたままで、一度も現在であったことのない過去、つまり「絶対的に古い過去」でなければならない（第三章を参照）。

「絶対的に古い過去」の古さは、たとえば、「現れ」「真理」に対しての「端的な事実」の先行性のところに表れていた。「事実」は、真理空間の内でこそ「現れ」を真にする当のものとして出現する。しかしむしろ、その真理空間の開設以前からあらかじめあったはずのものが、「端的な事実」である。「端的な事実」は、「現れ」が出現した後に、その「現れ」にそもそも先立って独立にあったものとされる。このことは、「現れ」をどんなに過去の方へと延長したとしても、その内には包摂し得ない「古さ」があることを示している。いわば、過去へと無限に遡っていくこと自体の外にあるような「古さ」である。このことは、「現れ」の意味論的対応物とでも呼ぶべき「私たち」においても同様である。「私たち」という意味の領野をどんなに過去へと延長しても、「端的な事実」はその意味・概念に先立って独立にあったものとされる。「私たち」という絶対域も、「端的な事実」の古さに対しては、決定的に無力である。

「真理」の出現がすでに「端的な事実」の絶対性からの転落であり、その絶対性は「現れ」へと転移していた。そして、その絶対性の（意味論的な）転移先である「私たち」もまた、「端的な事実」からは決定的に遅れている。「私たち」という絶対域も、「端的な事実」の絶対性には届かない。こうして、絶対性の転移と相対化の受け渡しは、事実性——真理——意味の領域を（閉じることはないが）一巡りする。

無際限に拡大する「私たち」は、未来の「絶対的な新しさ」に対してもまた、無力である。「私たち」にとっての新しさは、意味的・概念的な連続性を先取りすること（未来を「……だったということになるだろう」ものとして考えること）によって想定される「古い新しさ」でしかありえない。「私たち」は、その本質からして、先取りされる連続性を根本的に断ってしまうような「まったくの新しさ」を、前もって想定することなどできない。そのような「まったくの新しさ」は想定外のところでつねに到来しているはずであっても、「私たち」の意味的・概念的な連続性の中では、「（すでにあったような）まったくの新しさ」としてしか了解することができない。ここでもまた、「私たち」という絶対域は、決定的に無力である（第二章を参照）。

「私たち」という絶対域は、理解可能な形に馴致された過去と未来を含みつつ、しかし端的な事実としての過去や新しさの生成としての未来からは、決定的に隔てられている。「私たち」は意味論的には絶対域でありながらも、過去と未来に対しては無力な相対域にすぎない。いわば、「私たち」は「前後裁断」されている(16)。「私たち」は、プロタゴラスとその他のものたちのあいだの「意味」のすれ違いをも局所として含み込みつつ、全体化していた。しかし、そのように全体化した「私たち」もまた、過去と未来の時間によって再び局所へと落とし込まれる。

最後に、この地点から振り返って、次の断片を読んでおこう。

神々については、存在するとも存在しないとも、またいかなる姿形をしたものであるかも、わたしは知りえない。それを知ることには妨げとなることが多い――ことがらが不明瞭であるうえに、人間の生命は短い――からである（内山勝利編『ソクラテス以前哲学者断片集』第Ⅴ分冊、岩波書店、一九九七年)。

これは、「万物の尺度は人間である……」と〈対〉になりうる断片である。つまり、一方では人間の絶対性が、他方では人間の相対性(神の絶対性)が、表明されている。しかも、この絶対性と相対性は離存するものではない。万物の尺度であるような人間(絶対的な領域)であっても、決して包摂し得ない絶対的なもの(神々の存在とあり方)があるという仕方で、両者は表裏一体なのである。つまり、人間尺度説の説く相対性とは、絶対性と絶対性の狭間にこそ位置している。

そして私は、「人間の生命は短い」という文言を、単なる寿命の話しとして受けとるわけにはいかない。たとえ、どんなに寿命が長く、永続するものであるとしても、事情は何も変わらないからである。「短い」というのは、時間軸上の期間のことではなく、「私たち」という絶対域の「前後裁断」的な有限性のことでなければならない。

第九章　運命論から何を読み取るべきか

一　はじめに

本章は、「運命論（fatalism）」の論証が伝えようとして伝え損なってきたこと（損なわざるをえないこと）を抽出することを試みる。運命論の論証を以下のような順序で検討することを通して、その論証が及びうる範囲のさらに一歩先の地点を照射したいと考えている。

第二節では、アリストテレス・ヴァージョンの運命論の論証(1)を検討する。その運命論の論証は、いかなる原理に基づいてなされているのか。そして、アリストテレスが意図するようには、その論証は論駁できないのではないか。しかし同時に、その論証の結論は、運命論としては不十分なものに留まるのではないか。これらの点を論じる。

第三節では、テイラー・ヴァージョンの二種類の運命論(2)を検討する。テイラーの論証は、アリストテレスの論証とどう違うのか。さらに、テイラー自身の二種類の運命論どうしはどのように異なっているのか。その異なり方から、「排中律」についてどのようなことが言えるか。これらの点を論じる。

第四節では、以上の考察を踏まえて、右の二つのヴァージョンの「論理的な運命論（logical fatalism）」の論証が及ばない地点を、「形而上学的な運命論（metaphysical fatalism）」としてまとめる。その際、焦点になるのは、「全一性」と「強い必然性」となる。

二　論理的な運命論（I）

1　アリストテレスの議論

運命論へと導くもっとも古く有名な議論は、アリストテレスの『命題論』第九章に登場する。それは、「排中律」等の原理に依拠することで、「必然によって一切のものがそうであるのであり、そして偶然によってそうあるのではない」ことを導こうとする議論である。アリストテレスは、その「運命論の論証」を「不合理なこと」として描いている。まず、その「運命論の論証」の骨子を、以下のようにまとめておこう。

（1）ある個別的な未来言明（たとえばP「明日海戦が起こる」）が真であるか、その言明の否定（¬P「明日海戦は起こらない」）が真であるか、そのどちらかである。

（2）明日が現在になって海戦が起こるならば、昨日のPという言明は真であったことになる。また、真であると判明すれば、その後も真であることは変わらない。つまり、真であるならば、（時間を越えて）常に真である。

（2′）明日が現在になって海戦が起こらなければ、昨日の¬Pという言明は真であったことになる。また、真であると判明すれば、その後も真であることは変わらない。つまり、真であるならば、（時間を越えて）常に真である。

（3）（1と2と2′より）Pが常に真であるか、¬Pが常に真であるかのどちらかである。

（4）（3より）Pが必然的であるか、¬Pが必然的であるかのどちらかである。

（5）（4より）Pであるにしても¬Pであるにしても、どちらにしても必然的である。

これは「不合理なこと」だと、アリストテレスは言う。この論証を認めてしまうと、「生じてくるものどものうちには何一つとして偶然によってあるものはなく、むしろすべてのものが存在し、また生成するのは必然によってである」ということになって、選択や熟慮などが意味を持たなくなってしまうからである。

しかし、我々の常識と合わないから「不合理である」と言うだけでは、批判にはならない。この論証に含まれる「論理」「原理」を批判することによってこそ、その欠点を明らかにしなければならないし、もちろんアリストテレスもそれを試みている。まず、運命論の論証に含まれている、次の四つの原理（考え方）を取り出しておこう。

（Ⅰ）排中律：或る言明の肯定が真であるか、その言明の否定が真であるかのどちらかである。
（Ⅱ）時制移動：現在も過去においては未来だったし、未来も現在になるし、やがて過去になる。
（Ⅲ）汎時間化：真であることが判明すると、時間を越えて常に真であることになる。
（Ⅳ）必然性導入：或る言明が真であるならば、それが真であることは必然的である。

アリストテレスが批判の矢を向けているのは、（Ⅰ）と（Ⅳ）に対してである。（Ⅱ）と（Ⅲ）は特に批判されていない。

まず（Ⅰ）について。アリストテレスは、排中律を（Ⅰ）のように「（Pは真）または（¬Pは真）」ではなくて、「（Pまたは¬P）は真」と解釈することによって、運命論を回避できると考えている。つまり、「明日海戦が起こる」が必然的なのでも「明日海戦は起こらない」が必然的なのでもなくて、「明日海戦が起こるか起こらないかのどちらかである」という全体が（論理的に）必然的なだけである。それぞれの選言肢は、一つ一つとしてはあくまでも偶然的なことに留まる。ゆえに、運命論には陥らない。

次に（Ⅳ）について。アリストテレスは、「条件付での」必然性導入と「無条件での」必然性導入を区別し、前者は認めるが後者は認めない。この区別は、□（PならばP）と（Pならば□P）の区別に相当する。□は必然性を表す記号である。前者は（　　）の中の全体に対してついているが、後者は、うしろのＰだけについている。前者は同一律をトートロジーとして認めることであり自明なのに対して、後者は誤りである。「ＰであるならばＰであることは可能である」（Ｐならば◇Ｐ、なお◇は、可能性を表す記号）は正しくとも、「ＰであるならばＰであることは必然的である」（Ｐならば□Ｐ）とまでは言えないからである。（Ⅳ）の必然性導入が□（ＰならばＰ）を表すならば、無害ではあるが運命論を導き出すことはできない。一方、（Ｐならば□Ｐ）を表すならば、それは誤った原理になってしまう。いずれにしても運命論を導くための原理にはなれない。

以上が、（私が解釈した）アリストテレスによる運命論批判の要点である。

2　時制移動と汎時間化

しかし、（アリストテレスが表立って批判をしていない）（Ⅱ）と（Ⅲ）こそが、運命論の「論証」にとって、きわめて重要な役割を担っている。私はそう考える。そして、（Ⅱ）と（Ⅲ）を容認するかぎりは、（Ｉ）の排中律についても、（Ⅳ）の必然性導入についても、アリストテレスが意図したようには、批判は成功しないように思われる。

アリストテレスに従って、排中律の解釈を「(Ｐは真)または(¬Ｐは真)」とはしない積極的な理由として、何が考えられるだろうか。Ｐが未来言明の場合には、Ｐを真にするものも偽にするものも「まだない」のだから、未来言明Ｐはそもそも真理値を持たない。したがって、「Ｐは真」というのも「¬Ｐは真」というのも、Ｐが未来言明の場合には不適切であり、「(Ｐは真)または(¬Ｐは真)」という解釈による排中律は、未来言明には適用できないのだ、という理由はどうだろうか。

しかし、そのように未来を「ない」ものとして特別視することは、過去・現在・未来を移動的に等価とみなす（Ⅱ）の原理や、「もともと真（偽）だったことに後でなる」ことを認める（Ⅲ）の原理とぶつかる。時制移動や汎時間化の原理を認めるかぎりは、未来言明であっても「Pは真」あるいは「¬Pは真」と言うことは、認められるはずである。というのも、「あとで（未来が現在になって）真偽が判明すると、遡って（未来が現在になる前から）真（あるいは偽）であったことになる」からである。つまり、単純に「未来言明も、前もって真理値を持つ」のではなく、時制移動と汎時間化の原理にしたがって、「未来言明は、あらかじめ真理値を持っていたことに後でなる」のである。時制移動と汎時間化の原理によって、真理値の判明の先取りや時間に束縛されない真理値が可能になる。

つまり、時制移動と汎時間化の原理を受け入れるかぎりは、未来言明Pについても「Pは真」や「¬Pは真」は、上記のプロセスの省略形あるいは結果として読むことができるのでなければならない。こうして、排中律を「（Pは真）または（¬Pは真）」と解釈することを禁じる積極的な理由は、（Ⅱ）や（Ⅲ）の原理を受け入れるかぎりは、なくなるのである。

さらに、誤りであると思われた（Ⅳ）の必然性導入「Pであるならば、Pであることは必然的である」（Pならば□P）も、時制移動と汎時間化の相のもとで見るならば、その誤りは、それほど自明なものではなくなる。時制移動と汎時間化の相のもとで見るならば、（Ⅳ）の必然性導入の前半部「或る言明が真であるならば」の「真である」は、やはり右のプロセスの省略形あるいは結果である。出発点は、「或る言明が、現に真である」ことである。そして、いったん「現に真である」と定まるならば、それ以前にも（判明していなかっただけで）実は「真であった」ことになるし、それ以後も「真であり続ける」ことになる。すなわち、「或る言明が、現に真である」ならば、時間を越えて「真である」ことになる。いわば、「現に真である」ことによって、それが永遠に真であるような「一つの閉じた現実世界」が構成される。

　このような相のもとで見るならば、必然性の導入とは、□（PならばP）という単なる分析的な必然性にすぎないのでも、（Pならば□P）という身勝手に誤って付加された必然性でもなくなる(3)。「必然性」は天下り式に勝手に導入されたのではなく、むしろ「現実性から永遠性や世界の閉一性が生い立つ」というプロセスを経た結果として見ることができる。つまり、「現実性（現に・まさに……であること）」から始めて、時制移動と汎時間化を経由することによって（時間のファクターを入れつつそれを越える次元を立ち上げることによって）、ある種の「永遠性」が導入され、そしてその真理の非時間化によって「一つの閉じた現実世界」が構成されているのである。そのような閉一的な世界の中では、その真理は必然的であると言っても、最初に思われたほど奇妙ではなくなるのではないだろうか。ここでは、現実性と永遠性と閉一性と必然性が、一体化している。

　以上のように考えるならば、（Ⅰ）や（Ⅳ）の原理を批判するだけでは、運命論の論証は簡単には論駁しきれないことが分かる。（Ⅰ）や（Ⅳ）の原理のさらに根っこのところで、（Ⅱ）と（Ⅲ）の時制移動と汎時間化という原理が働いており、それが運命論の論証を駆動しているからである。

3　喪失と補填

　もちろん、時制移動や汎時間化の原理自体を批判することも可能であろう。たとえば、過去・現在・未来を同質化して扱い、時間的な視点移動が自由にできるかのように考えるのは、誤りであると(4)。また、これから判明することを先取りしたうえで過去へと遡行して、「あらかじめそうだったことに後でなる」という時間性は、容認できない等々。

しかし、ここではその原理自体の批判は行わない。たとえその原理を容認したとしても、その原理から導かれる「論理的な運命論」では、まだ「運命論」として不十分であることの方を考察したいからである。すなわち、「論理的な運命論」は、その論証が成功しても（あるいは成功するからこそ）、「形而上学的な運命論」には届かない。「論理的な運命論」は、その論証を成功に導く原理（時制移動と汎時間化）においてこそ、すでに何かを喪失しており、さらにそれを補填しようとしている。その「喪失と補填」を通して、「論理的な運命論」のさらに一歩先の「形而上学的な運命論」の姿を透かし見てみたい。

時制移動の原理を受け入れることによって喪失してしまうのは、「現実／現在」というあり方の全一性（それがすべてで、それしかないこと）である。「現実／現在」というあり方は、「過去」や「未来」と対比される単なる一項（一部分）ではなく、むしろ「過去」や「未来」もまたそこへと回収されるような「外のない全体」というあり方をしている(5)。「現実／現在」は、ただ一つしかありえないし、その外に立ってそれを眺めることなど不可能である。すなわち、「それがすべてで、それしかない」。そのような「現実／現在」の、「現にあるようにあるしかない」という強い必然性こそが、運命論のコアであると考える。

しかし、時制移動を認めるかぎり、「現在」はそのような全一性を失ってしまう。全一的だったはずの「現在」は、時制移動の原理によって、複数項の背景を伴った一項（一部分）へと落とし込まれる。つまり、時制移動の中に置かれる「現在」は、「過去」や「未来」と対比される一項となり、しかも（過去においては）「未来」でもあったし（未来においては）「過去」にもなるような可変的な一項となる。時制移動の原理を認めることは、「複数の可能的な今」の系列とその上をすべり行く「動く今」という表象を認めることに等しい。

「動く今」という表象は、「現実的な現在」がその全一性を失ってしまったところにおいてなお（すなわち複数の「可能的な現在」の系列の中でなお）、それでも「現実的な現在」を無理やり埋め込んで表現しようとする際に、生じてくる表象である。その意味で、「動く今」とは、全一的な「現実／現在」の不完全な喪失形態、あるいは喪失後の補填である(6)。

時制移動を認めるかぎり、強い必然性（現にあるようにあるしかない）は、それぞれの時点へと分配されて、「どの時点においても、それぞれ一つずつの現実しかない」へと弱められ、まるで複数の現実＝必然が、時間系列上に継起的に並ぶかのような描像へと変質する。

汎時間化の原理にもまた、そのような変質・喪失が逆向きに現れる。ある時点という「時間的な部分」で判明する「真理値」が、時間を越えて常に成り立つことになるというのは、「部分」へと落とし込まれて失われた全一性を、「時間的な全体」において（擬似的に）回復しようとすることに相当する。つまり、時制移動が、「全体を部分へと落とし込むこと」「現実／現在の全一性をその内なる一部分へと埋め込もうとすること」に相当するとすれば、汎時間化の方は、「部分を全体へと差し戻そうとすること」「現在（今）のあり方によって全体をも包括しようとすること」に等しい(7)。しかしもちろん、「時間的な全体」によっては、「現実／現在」のそもそもの「全一性」は回復されるわけではない。「現にあるようにあるしかない」という強い必然性と、「時間を越えてそうである」という汎時間的な不変性・確定性（弱められた必然性）とは、どこまでも一致しえない。

以上のように、時制移動と汎時間化という二つの原理は、論理的な運命論の論証において重要な役割を演じつつ、同時に「現実／現在の全一性」「強い必然性」からの乖離（喪失と補填）をも生み出している。

時制移動と汎時間化の原理を認めてしまうかぎりは、未来への排中律の適用や必然性の導入は許容されて、その結果、「論理的な運命論」は導かれるだろう。ただし、それでは、強い必然性としての「運命」には至らない。むしろ、強い必然性の喪失であり、同時にその喪失の補填でもあるような「（形而上学的な運命論の）一歩手前」までが導かれるのである。結局、「論理的な運命論」に登場する「必然性」は、「強い必然性」ではありえず、せいぜい汎時間的な不変性・確定性（弱められた必然性）に留まってしまう。

だからこそ実は、「論理的な運命論」の結論は、まったく無害だと言うこともできる。言い換えれば、（アリストテレス・ヴァージョンの）論証の（5）の結論は「（強い）運命」の名には値しない。なぜならば、「どちらにしても、それぞれは必然的」ではあっても、「そのどちらであるか」は、依然として、当の必然性の及ばない「空白地帯」として（つまり「偶然」として）残されてしまうからである。つまり、どちらの選言肢もそれぞれが「必然」であるとしても、そのどちらの「必然」こそが「現実」なのかに対しては、当の必然性は及んでいないのである。つまり、「必然性」と「現実性」とは、ぴったり一致することはなく、乖離している。あるいは、二つの「必然」を呈示するための背景（隙間）として、「偶然」が残ってしまうと言い換えてもよい。

この指摘、つまり「論理的な運命論は運命論としてまだ不十分である」という私の指摘は、アリストテレスによる運命論批判とは「逆向き」であることに注意してもらいたい。

アリストテレスは、こう指摘した。それぞれの選言肢（P、¬P）は、一つ一つとしては偶然的である。ただ、選言肢を「または」でつないだ（Pまたは¬P）という全体のみが論理的に必然的であるにすぎず、運命論には陥らない、と。一方、私の指摘はこうであった。それぞれの選言肢は、どちらにしても一つ一つは必然的である。ただ、（Pまたは¬P）という全体として捉えるとき、その全体には「空白」が生まれ偶然性が入り込む。ゆえに運命論として不十分である。

この差は、アリストテレスが「論理的な必然性」を考えているのに対して、私の方はそれとは異なる必然性（形而上学的な必然性）を考えようとしていることに由来する。

三　論理的な運命論（Ⅱ）

1　テイラーの議論（海戦命令の話）

アリストテレス・ヴァージョンの「論理的な運命論」は、（アリストテレスの診断に反して）決定的な欠陥は認められない。しかし、運命論としては不十分なものに留まっていた。その不十分さとは、必然性が、全一性や現実性とぴったりと一致することなく、「二つ」呈示されてしまい、偶然性が入り込むという点にあった。すなわち、「論理的な運命論」は、必然性と現実性が一致するような「運命論」にまでは届かない。

このような「論理（論証）」と「形而上」とのあいだを走る亀裂（隔たり）は、当の「論理（論証）」自体の中にも（排中律の原理のところに）、見出される。いわば、AとBの分割線が、すでにA自体の中に走っているような事態である(8)。その点を、テイラー・ヴァージョンの二種類の「論理的な運命論」を参照することによって考察しよう。

テイラー（R. Taylor）は、論理的な運命論者として有名である。その著書『形而上学』の第一版と第二版以降で、彼は二つの別の話を呈示している(9)。どちらも、排中律に基づいた「論理的な運命論」を支持する議論として使用されている。そしてテイラー自身は、第二版以降の議論を、第一版のものをより簡潔で強力にしたものだと考えている。

しかし私は、テイラーの二つの話の差異から、「論理（論証）」自体の中に或る「亀裂（隔たり）」を読み取りたいと思う。それは、排中律から何を読み取るべきなのかという問題と連動している。あらかじめ述べておくと、排中律が含む「ベタ」と「空白」という二様相は、「論理（論証）」と「形而上」との亀裂（隔たり）の、「論理（論証）」内部における投影である。私はそう考えている。

テイラーによれば、人はだれも、過去に起こったことは変えることができず、そのまま受け入れるしかないと考える点で、すでに運命論者である。問題が生じるのは、未来についてである。いくつかの前提（単なる時間の推移は因果的効力を持たない等）を引き受けるならば、過去についても未来についても、同じ議論（運命論）が成り立つはずであると、テイラーは考える。

まず『形而上学』第一版では、次のような議論が呈示される。海戦開始の命令を下す行為をOとし、開始しない命令を下すことをO′とする。明日海戦が行われることをQとし、明日海戦が行われないことをQ′とする。OはQの十分条件、QはOの必要条件であるとし、O′はQ′の十分条件、Q′はO′の必要条件であるとする。ここで、次のような論証が成り立つ。

（1）もしQが真であるならば、いま私にはO′はできないはずである。
（2）もしQ′が真であるならば、いま私にはOはできないはずである。
（3）Qが真であるか、Q′が真であるかのどちらかである。
ゆえに
（4）いま私にはOができないか、またはO′ができないかのどちらかである。

テイラーによれば、この結論（4）は、「いま私には、海戦開始の命令を下すこと（O）も、開始しない命令を下すこと（O′）もできる」という常識（自由）が誤りであることを、示している。つまり、その常識の否定である運命論の方が正しいということを示している。未来のことについても排中律が成立するならば（すなわち論証の（3）を認めるならば）、それとの論理的な連動によって、現在の選択も自動的に決まっていなければならない。いま目の前にあるどちらの選択肢でも自由に選べると思うのは、実は幻想なのである。これが、（1）～（4）が示す「運命論」の骨子である。

テイラーの「運命論」が、アリストテレスが構成する「運命論」の議論と似ていることは明らかであるが、また重要な違いもある。テイラー・ヴァージョンがアリストテレス・ヴァージョンともっとも異なるのは、「時制移動」や「汎時間化」というような時間的な原理が、本質的な役割を演じていないことである。

テイラー・ヴァージョンにも時制が関与しているように見えるのは（現在の命令と未来の海戦）、見かけにすぎない。命令と海戦との結びつきも、論理的な関係で考えられているのであって、時制的な関係は本質的な働きをしていない。テイラー・ヴァージョンは、時制を捨象した議論なのである。その証拠に、テイラー・ヴァージョンは、以下のように変形しても、その本質的な意味を失わない。すなわち、現在と未来との関係ではなく、任意の現在（今）のことがらへと議論を圧縮してしまうことが可能である。

（1）もしいまOが行われるならば、いまO′はできない。
（2）もしいまO′が行われるならば、いまOはできない。
（3）いまOが行われるか、いまO′が行われるかのどちらかである。
ゆえに
（4）いまO′ができないか、またはいまOができないかのどちらかである。
（4）という結論は、「いま私には、海戦開始の命令を下すこと（O）も、開始しない命令を下すこと（O′）もできる」という常識（自由）を否定しているように見える。

テイラーの議論は、時制と本質的に無関係な議論なのだから、しばしば指摘される「排中律は未来言明には適用できない」という批判は、ここでは有効ではない。テイラー・ヴァージョンの「論理的な運命論」は、すでに時制を捨象してしまっている議論なので、時制に応じて排中律の適用を制限しようとする方策は、すでに「遅すぎる」のである。未来時制と排中律という問題は、テイラー・ヴァージョンにではなく、時制が重要な役割を演じるアリストテレス・ヴァージョンにおいてこそ、呈示されるべきである。（しかし既に見たように、アリストテレス・ヴァージョンにおいても、時制移動や汎時間化の原理と、未来時制の特別扱いという解決法は両立しがたいのであるが。）

したがって、テイラー・ヴァージョンの論証を批判するためには、排中律以外のところに目を向けなければならない。たとえば、その「できない」（不可能性）の意味や、それと連動する必然性の意味こそが問い直されるべきかもしれない(10)。だが、ここではその方向へは進まないことにする。むしろ、（問題なく使用されているはずの）排中律の方に、注目したいからである。

排中律の要点を、確認しておこう。「いまOが行われるか、いまO′が行われるかのどちらかである」という排中律は、任意の「いま」という場が、あくまでも「一つの」事態によって満たされることを告げている。同時に、その「一つの事態によって満たされる」ことを言うために、「二つ」の選択肢と、その「どちらか」で満たされることを待つ「空白」を用意してしまっている。同様に、論証の（1）と（2）のでは、「唯一」と「二つ」と「空白」が絡み合って働いている(11)。排中律においても、OやO′で「いま」を埋める手順の中でこそ、OでもO′でもない（しかしどちらかで埋められなくてはならない）「空白」が導入されているのである。

2　テイラーの議論（オズモの物語）

第二版以降の議論では、「海戦命令の話」が「オズモの物語」へと変更される(12)。二十六歳の高校教師であるオズモは、自分の人生がすべて正確に記載された書物――『オズモの生涯』――を、図書館で発見する。その記述は、オズモのこれまでの過去を正確に描写しており、さらに、オズモの未来である「飛行機（ノースウェスト航空５６９便）の墜落事故により二十九歳で死亡」の記述で終わっている。オズモはこの本を読んだ後、その飛行機には決して乗らないように心がけて、この悲惨な未来を避けようとする。しかし、その回避しようとする行動が原因となって、その本に記載通りの結末が訪れてしまう。結局オズモの生涯は、この本に記載された通りだったのである。こうして、「オズモの物語」は運命論を支持する。

オズモはこのような書物に出会ってしまったが、私たちは出会っていない。また私たちには、そのような書物を読む可能性もまずないだろう。しかしそのことは、それほど重要ではない。というのも、そのような書物を読むかどうかではなく、そのような書物が存在しうるかどうかだけが、つまり認識ではなく存在の可能性だけが問題だからである。このような書物の存在可能性とは、「その人の人生についての、さらには世界のすべての出来事についての、真なる言明の集合体が一つだけ存在しうる」ということに他ならない。つまり、そのような言明が言表可能であるか、その真偽が認識可能であるかではなくて、そのような言明（の集合体）がそもそも存在しうるかのみが、問題となっている。

また、この書物の想定においては、それを書くことのできる神が存在しうるかどうかや、そのような神の視点に立つことができるかどうかが問題になっているのでもない。実際テイラーは、その書物のタイトルから、始めはあった「神によって授けられたものとしての」という部分を削除している。誤解を避けるためには、適切な削除である。あくまで、（神や超越者ではなく）私たちの「論理」によって、「その人の人生についての、さらには世界のすべての出来事についての、真なる言明の集合体が一つだけ存在しうる」ことを認められるかどうかだけが、問題になっている。

テイラーは、そのような真なる言明の集合体が存在しうると考える。なぜならば、それは排中律によって保証されているからである。排中律を認めることは、どんなことがらについても、何らかの真なる言明が存在することを認めることである。ある言明が真であるのか、その否定が真であるのか、そのどちらかである。ならば、その真なる言明の方をすべて集めるならば、「その人の人生についての、さらには世界のすべての出来事についての、真なる言明の集合体が一つだけ存在しうる」ことになる。たとえ、その言明の中身は知ることができなくとも、あるいはその言明を実際には作ることができなくとも、原理的にはそれが存在しうることを排中律が保証してくれる。それだけで十分なのである。そして、そのような真なる言明の総体が一つだけ存在しうることを認めることは、運命論を受け入れることなのである。

このテイラーの第二ヴァージョンの運命論においても、時間（時制）は本質的な働きをしていない。重要なのは、あくまでも「真なる言明の唯一的な総体」の存在可能性だけなのであって、未来について書かれた書物を読むという設定や、たとえ抗っても予言どおりに未来が実現するというような設定は、ストーリー上の装飾にすぎない。

3　排中律の二様相

たしかに、「海戦命令の話」と「オズモの物語」は、排中律と運命論の結合という点で、そして時間（時制）が本質的な役割を演じていないという点でも、共通している。しかし、両者の間には、或る重要な差異がある。それは、排中律が含む二様相――「ベタ」と「空白」――をどのように焦点化しているかについての差異である。排中律が含む「ベタ」の様相とは、〈現実は（どちらか）ただ一つである〉という側面であり、排中律が含む「空白」の様相とは、〈（二つのうちの）どちらでもいい〉〈現実の唯一性を棚上げしておく〉という側面である。

「オズモの物語」は、排中律が含む〈現実は（どちらか）ただ一つである〉という様相を前景化している。それは、「現実の唯一性」という側面である。「真なる言明の集合体が一つだけ存在する」ということは、「（それに対応した）ただ一つの現実がある」ということに他ならない。ここでは、「現実は（どんな内容のものであるとしても）一つしかない」ことを、排中律は表現している。どんな中身であるにしても「現実はただ一つだけ」なのである。しかも、その現実の中身を私たちが認識可能かどうかとは独立に、そうなのである。

「オズモの物語」の存在可能性を認めるということは、まさに、そのような「現実の唯一性」を認めることに他ならない。いずれにしても現実がただ一つでしかありえないこと、そしてそれに対応する「真なる言明の集合体」がただ一つだけ存在すること、これを印象的に述べようとしたのが、「オズモの物語」なのである。このように、テイラーの第二ヴァージョンの運命論は、排中律に含まれる「唯一の現実で隙間なく塗りつぶされていること」、すなわち「ベタ」の様相を浮かび上がらせる。

一方、「海戦命令の話」は、排中律のもう一つの様相も等しく浮かび上がらせる。それは、〈二つのうちの〉どちらでもいい〉という「隙間なく塗りつぶされる前」の様相、すなわち「現実の棚上げ」「現実の唯一性を括弧に入れる」という「空白」の様相である。もちろん、この「空白」は現実には存在しないものである。現実は完全なる「ベタ」でしかないからである。「空白」は、現実のベタ性を言語（論理）で表現しようとすること（ここでは排中律）によってのみ仮想的に出現する。

排中律は、〈どちらでもいい〉という空白の様相と〈どちらか一つである〉というベタの様相という二つの対立する様相を含んでおり、「オズモの物語」は後者を強く焦点化し、「海戦命令の話」の方は前者と後者の両方を等しく焦点化する。

「オズモの物語」は、「現実の唯一性」というベタの様相を強く焦点化している点で、運命論としては「海戦命令の話」よりも純化されている。というのも、運命論の核心としての「必然性」は、ベタな現実の全一性（それがすべてで、それしかないこと）から出来するのであり、そのような現実に「空白」など入り込む余地はなく、「空白」の様相は、運命論にとっては夾雑物（運命論を言挙げするための必要悪）のはずだからである。

「オズモの物語」は、排中律を根拠にしながらも、その「空白」の様相を退かせ、「ベタ」の様相の方を前面化することによって、「現実の全一性」へと一歩だけ近づいている。一方、「海戦命令の話」に含まれる「空白」の様相は、「現実の棚上げ」「現実の唯一性を括弧に入れること」によって、逆に

「現実の全一性」から一歩退かせる働きをしている。

もちろん「オズモの物語」もまた、完全に純化されているわけではない。つまり、〈どちらか一つである〉という「唯一の現実」からは、〈どちらでもいい〉という「空白」の様相を完全に消し去ってしまうことはできない。もし仮に完全な消去ができてしまうならば、もう〈どちらか一つである〉とさえ言えなくなるだろう。「ただ端的に一つである」ではなくて、「どちらか一つである」という点に、純化されざるものが残存している。「ベタ」とは「空白」がまったくないことではあるが（あるからこそ）、それを「ベタ」という形で主題化するためには、埋められてしまうことになるものとしての「空白」を利用せざるをえない。

言い換えれば、排中律が含む「ベタ」の様相とは、「（どちらか）一つ」という現実の唯一性を表現するものではあっても、「どちらか（一つ）」であるかぎり、「それがすべてで、それしかない」という現実の全一性（完全なるベタ）には及ばない。排中律が排中律であるかぎり、「どちらか」「どちらでも」という「二つ性」が残らざるをえないからである。

排中律は、「ベタ」と「空白」という相反する様相を合わせ持つからこそ、運命論の論証に利用されてきたのである。「ベタ」の様相が運命論的な「現実の全一性」への接近を支援し、「空白」の様相がその接近を語ることを可能にしつつ、かつ接近の完成を頓挫させる。その両方が排中律においてせめぎ合っている。言い換えれば、排中律の中には、「形而上」と「論理」の同居と離反がともに埋め込まれているのである。

四　形而上学的な運命論

以上の考察を踏まえて、「論理的な運命論」が捉え損なっている（損なわざるをえない）「形而上学的な運命論」の姿を、その「全一性」や「強い必然性」に焦点を当てて素描しておこう。

1　全一性

運命論は、ある種の決定論ではあっても、因果的な決定論ではない。因果的な決定論では、先行することがらが原因となって、後に起こることがらを結果として「決定している」と考える。あるいは、そのような原因と結果の結びつきの背後に、何らかの法則の存在が想定されて、その法則こそが何がどのように起こるかを「決定している」と考える。このように、因果的な決定論は「二項関係的」であるという特徴を持つ。つまり、「何か（X）が何か（Y）を決定している」のである。

しかし、形而上学的な運命論の方は違う。「二項関係的」ではなく、「単項的」である。「何か（X）が何か（Y）を決定している」のではなく、「現にXであることが、ただそれだけで、そうあるしかない（そう決まっている）」「現にあることは何でも、それだけで必然である」と考えるのが、形而上学的な運命論である。ここには、任意の単一項Xが現れるのみである。二項間の結びつきが「決定されている」のではなくて、どんな一項であっても、それが〈現にあるようにある〉ことが、それだけで「決まっている」「必然的である」と、形而上学的な運命論ならば考える。

次に、因果的な決定論の方は、因果的な決定が別様である可能性を、必ずしも否定しない。先行する原因（X）によって結果（Y）が決定しているとしても、別様の結果（たとえばZ）が不可能というわけではない。もし先行する原因が、たとえばXではなくてWであったとすれば、当然結果もまた、YではなくZでありうるからである。「原因が異なっていたならば、結果も異なっていただろう」は、因果的な決定論に反するどころか、むしろ因果的な決定論の構成要因である。

では、因果的な決定論が、次のように考えるとしたらどうだろうか。原因もまた、その前の原因によって、さらにその原因もまた、その前の原因によって決定しているのだから、「原因が異なっていたならば」という反実仮想は、ほんとうは実現しえない。どこまで遡っても「原因が異なっていたら」ということは起こりえないのだから、別様の結果もまた実現する可能性はなかったのだ、と。そうすると、どの項もすべて因果的に一つに決定されていることになり、因果的な決定論からは「別様の可能性」というものが消えてしまうのだろうか。

そうではない。それでもなお、因果的な決定論には、別様である可能性が残るだろう。たとえ因果連鎖は、どこまで遡っても一つに決定されていて、別様ではありえないとしても、それは或る自然法則のもとでそうなのである。したがって、その自然法則自体が別の法則であるとしたら、因果連鎖自体もまた別様の連鎖でありうることになる。結局、自然的な必然性は、どこまでも別様の可能性（形而上学的な可能性）を背景として持ちうるのである。

しかし、形而上学的な運命論の方はそうではない。そのような背景としての可能性がまったくないからである。つまり、運命論的な必然性は、可能性という背景をいっさい持たない。「現にXであることが、ただそれだけでそうあるしかない（そう決まっている）」という運命論は、X以外の何か（たとえばW）でもありうるのに、Xへと決定しているのではない。（XであれWであれ何であるかに関わりなく）「現にあることは、それだけで必然である」と考える。運命論は、複数の選択肢を背景としたうえでの排除的な決定論ではない。背景などありえない現実が、そもそも一つあるだけ（あるしかない）という非排除的な決定論なのである。

すなわち、別様ではありえない「一つ」ではなく、別様がそもそも存在しえない「一つ」である。「現にある」という現実性は、多くの可能性の中の「一つ」ではなく、その多くの可能性の設定がそれに後立つしかない「そもそものはじめ」という「一つ」である。それは、可能性と対比される必然性ではなく、可能性そのものを欠く必然性である。それゆえ、「決定」とはいっても、内実の確定のことではなく、（どういう内実であるかに関わりなく）現にあるしかないことである。運命論は、「単項的」であるだけではなく、そもそも別様という背景を持たない「全一的な（それがすべてで、それしかない）」決定論なのである。

このような「現実の全一性」こそが、運命論の論証がそこを目指しながらも、あるいはそこへ引き寄せられながらも、排中律や時制移動等の原理のあり方ゆえに、捉え損なっていた（損なわざるをえない）地点である。

２　強い必然性

「別様ではありえない」という必然性よりも、「別様がそもそも存在しえない」という必然性の方が、いっそう強力な必然性である。それは、「他ではありえない」という必然性ではなく、「ないのではありえない（とにかくある、あるしかない）」という必然性である。

「別様（他）ではありえない」という必然性の場合には、その必然性（たとえば自然法則的な必然性）もまた、上位の観点（たとえば形而上学的な観点）からは偶然性を持ちうる。つまり、上位の観点からの別様（他）の可能性を背景として、より下位の観点からの必然性がその中に埋め込まれている。

一方、「別様（他）がそもそも存在しえない」という必然性の場合には、上位の観点からの別様（他）の可能性という背景自体が「ない」。ゆえに、その必然性には、より上位の偶然性の観点は存在せず、別様（他）の可能性という背景の中に埋め込まれることもない。ただし、より上位の偶然性は存在しないが、「ないのではありえない（とにかくある、あるしかない）」という強い必然性は、「（なぜだか）ないのではなくて現にある」という見方によってのみ、そのまま原始偶然性(13)として捉えられる。「運命」とは、強い必然性であり原始偶然性でもある。

あるいは、こう言ってもよい。弱い必然性とは、「条件つき」の必然性である。というのも、「（より前の原因やより上位の自然法則等の）何か他のもの」が、必然性をもたらすからである。逆に言えば、その必然性をもたらしてくれる「何か他のもの」（条件）自体は、その必然性の外へと退き、何らかの偶然性を帯びる。つまり、弱い必然性とは、必然性を相対化しうる水準が残る場合である。

一方、強い必然性は、単項的であり全一的であることによって、「無条件的」「端的」であらざるをえない。すなわち、ただ端的に「現にあるようにあるしかない」だけである。それをそうさせているような何ものかが、「現にある」ことの外にあるわけではない。このように、必然性を相対化しうる上位の水準がない場合が、強い必然性である。ただし、上位の水準がもう存在せず、偶然性を外へと放擲することはできないので、当の強い必然性自身の存在自体が、そのまま原始偶然としても見られることになる。

　このような強い必然性とは、「現にあるようにあるしかない」という表現にも表れているように、現実性の別名である。また、「まさに今あるようにあるしかない」とも言い換えられるように、端的な現在性の別名でもある。形而上学的な運命論においては、必然性と現実性と現在性が一つに重なる。

　もちろん、この場合の「現実」「現在」とは、多くの可能性の中の一つであるような「現実」ではないし、過去や未来と対比される「現在」ではない。そのような「現実」や「現在」では、別様の可能性という背景の中に埋め込まれることになってしまい、強い必然性には届かない。むしろ、多くの可能性の中の一つではなく、その多くの可能性の想定にそもそも先立たざるをえない「現実」、過去や未来と対比されるのではなく、過去や未来もそこにおいてこそ与えられ、そこへと回収されざるをえない「現在」。そのような「現実」「現在」こそが、「強い必然性」と一つに重なる。そして、そのような「強い必然性」は、「それがすべてでそれしかないこと」すなわち「全一性」と合致する。形而上学的な運命論とは、それがすべてでありそれしかないもの（全一的な現実＝現在）について、その強い必然性という様相をあらためて取り出すことに他ならないのである。

　最後に二つだけ、確認しておこう。それは、運命論の扱い方についての本章の二つの特徴である。一つは、通常、運命論の議論は「過去」のあり方に依拠することが多いが、本章での運命論の捉え方は、むしろ「現在（現実的な現在）」のあり方にこそ依拠しているという点である(14)。もう一つは、現実性・現在性・永遠性・全一性・必然性がまさに一つに潰れてしまう地点として、「運命」を考えているという点である(15)。

註

第一章

(1)「トークンtoken」は、「タイプtype」との対で使う用語。タイプが、記号表現の「一般的・普遍的な側面」を表すのに対して、トークンは、記号表現が実際に使用されることによって生じる「時空内の個別的な出来事の側面」を表す。

(2) もちろん「同時性」という考え方自体が、さらに立ち入って検討されなければならない。「同時性」により〈今〉が説明されるのとは逆に、〈今〉によってこそ「同時性」が説明されるのではないか。そのような「同時性」は、「永遠」という考え方とつながっているのではないか。また、準拠枠に相対的な「同時性」に回収されない絶対的な「同時性」はありうるか、等々。特に最後の点については、Q. Smith, "Absolute Simultaneity and the Infinity of Time," Robin Le Poidevin ed. *Questions of Time and Tense*, Clarendon Press, pp.135–183, 1998 を参照。

(3) J.M.E.McTaggart, "The Unreality of Time," *Mind*, 17, 1908, no.68, pp.457–474. あるいは、一九二七年に出版された主著 *The Nature of Existence*, vol.II, Ch. 33, Cambridge University Press. を参照。

(4) ある出来事*E*が、過去のことでも現在のことでも未来のことでもなければならないとすれば、互いに両立しない規定を持つことになり「矛盾」する。しかし、ここには「矛盾」はないという趣旨の次のような反論ができる。ある出来事*E*は、過去・現在・未来という規定を、同時に持つのではなく、「(将来) 過去になるだろう」「(今) 現在である」「(かつて) 未来だった」というように継起的に持つのだから、「矛盾」は生じないのだと。

たしかに、「未来における過去」と「現在における現在」と「過去における未来」は、両立可能である。しかし、「今、Eが未来においては過去である」ことと「今、Eが現在においては現在である」ことと「今、Eが過去においては未来である」こととは、まさに今「過去・現在・未来」がともに成立していることになるのだから、やはり「矛盾」するのではないだろうか。こういう疑問が舞い戻ってくる。

もちろん再び、「未来において、現在のEがその未来における過去である」と「現在において、現在のEがその現在における現在である」と「過去において、現在のEがその過去における未来である」とは、「矛盾」しないのだという反論が可能である。しかしまた、「まさに今、未来において、現在のEがその未来における過去である」ことと「まさに今、現在において、現在のEがその現在における現在である」ことと「まさに今、過去において、現在のEがその過去における未来である」ことがともに成立することは、「矛盾」するのではないかという問いも繰り返される。

矛盾の成立とA系列の破綻、矛盾の回避とA系列の保持という組み合わせで論じられることが多いが、むしろ、矛盾の回避とA系列の破綻という組み合わせで論じることもできる。拙著『相対主義の極北』（春秋社、二〇〇一年）の第三章第6節、拙著『時間は実在するか』（講談社、二〇〇二年）の第四章を参照。

（5） L. Oaklander and Q. Smith eds. *The New Theory of Time*, Yale University Press, 1994.

（6） この点をあえて表象するとすれば、現実化している〈今〉とは、あらゆる大きさを取り得る「円」のようなものだろう。そしてさらに、現実化している

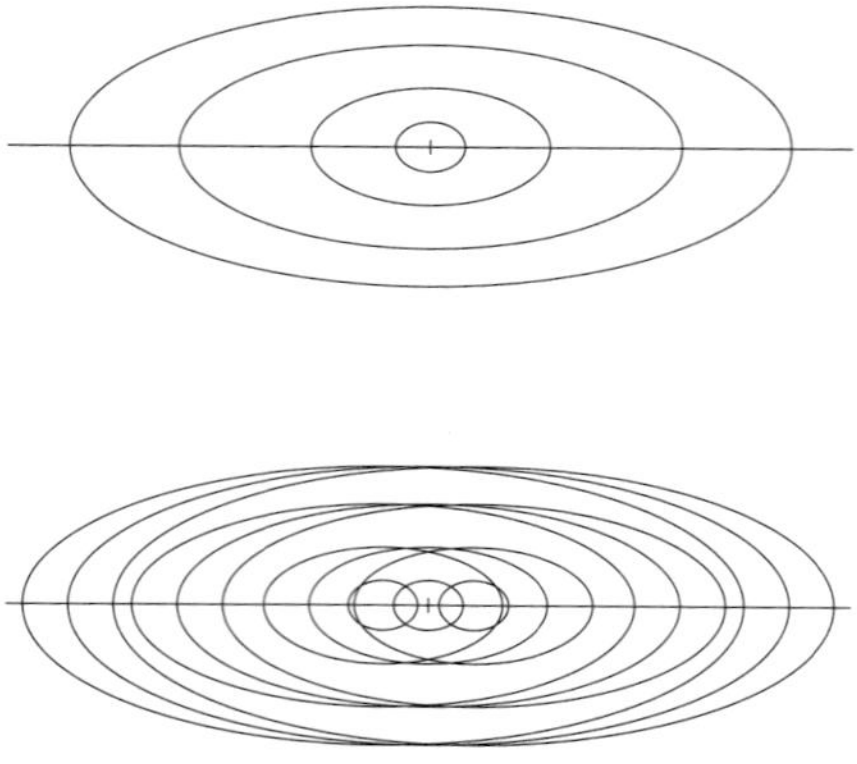

図3

〈今〉が、系列上へと無理にマッピングされて、現実化しうる〈今〉（すなわち可能的な〈今〉）として位置づけられる場合には、あらゆる大きさの無数の「円」が重なっているような様相を呈するだろう。図3を参照。

この点については、十二世紀の偽ヘルメス文書の写本に見られる「神とは、中心が至るところにあるが円周はどこにもない一個の球である」という定義（ジョルジュ・プーレ『円環の変貌』上、岡三郎訳、国文社、一九九〇年再販）や、西田幾多郎の「現在といふ一つの中心を有つた周邊なき圓の如きもの」という言葉（「無の自覚的限定」、『西田幾多郎全集』六巻、岩波書店）が参照されるべきである。

（7）パルメニデスの「まん丸い球体」（断片8）が想起される。

（8）「飛ぶ矢のパラドックス」批判に含まれるアリストテレスの考え方、すなわち「時間の限界としての瞬間――幅を持たない本来の意味での「今」――は、「動く」ことも「静止する」ことも、ともに意味を持たない」という考え方は、この観点から考えて、正鵠を射ているように思われる。

第二章

（1）「ない」論については、拙著『相対主義の極北』（春秋社、二〇〇一年）の第七章も参照。

（2）J.M.E.McTaggart, "The Unreality of Time," *Mind*, 17, 1908, no.68, pp.457–474.

（3）これらの疑問に対する私の見解については、拙著『時間は実在するか』（講談社、二〇〇二年）を参照。

（4）C.D.Broad, *Scientific Thought*, 1923, Reprint edition（in 1993）, Thoemmes Press. そのCh.II The General Problem of Time and Change を参照。

（5）たとえば雨の多さ（raininess）という一般的な特性。

（6）もちろん、欠如自体がないことは「充実」でもない。

（7）〈雨降り・降雨性という特性を満たす個別の具体的な出来事が、明日になって生成する〉と考えている。

（8）未来に対しても二値原理を貫徹し、そこから極端な帰結を導き出す議論として、R・テイラーの「運命論（fatalism）」がある。R. Taylor, *Metaphysics*, Prentice-Hall, 1963 を参照。「運命論」については、本書第九章で詳論する。

(9) しかし、必ずしもそうとも言い切れない。「①一般的特性の記述（＝空欄）＋②無から有への生成」の②に重点をおけば、二値原理の不成立と親和性を持つが、①に重点をおけば、二値原理の成立とも親和性を持つと言うことができる。一般的な記述（空欄）を無時間的に成立しているもの考えて、その飽和／非飽和を捉えることができるからである。

(10) 〈偽〉の場合に実現するのは、雨以外の天候（晴れや曇天など）には限定されない、雨以外のありとあらゆる事態である〉とは、ここでは考えない。そのように考えることは、以下で述べる「前提（ドメイン）の却下と拡張」を、あらかじめ一挙に先取りしているにすぎないからである。

(11) 「記述」や「生成」についても同じことが言える。

(12) 問題が二つ残っている。一つは、図における②の「移行・変質」について。本文では、「無＝欠如の総和（Σ）という解釈によって、図における②の「移行・変質」を論じた。しかし、存在論的な考察と意味論的な考察の関係は、まだ明らかになったとは言えない。もう一つは、図の「／」（スラッシュ）について。「無」と「欠如」の関係以上に、「無」と「欠如でさえない」との関係は、明らかではない。

(13) アスペクトについては、B. Comrie, *Aspect*, Cambridge University Press, 1976.（山田小枝訳『アスペクト』むぎ書房、一九八八年）、町田健『日本語の時制とアスペクト』（アルク、一九八九年）を参照。

(14) マクタガートが証明しようとする「矛盾」については、拙著『時間は実在するか』（講談社、二〇〇二年）を参照。さらに、「固定と推移変化との拮抗」については、本書第四章と第五章で詳論する。

(15) 非完結相・進行相のアスペクトは、「時間の流れ」と呼ばれるもの（＝一つの完結した全体にはならない推移）と親和性を持つ。そして、二つのアスペクト（完結相と進行相）が交代しうることの方が、過去・現在・未来という時制（テンス）の区分よりも、時間にとって基本的なもののように思われる。

第三章

(1) 勝守真「想起とそのかなた――大森過去論の批判的読解――」（『思想』第九二三号、二〇〇一年四月、岩波書店、一〇五–一二四頁）。

(2) B. Russell, *The Analysis of Mind*, 1st ed., Allen

& Unwin, 1921 / 10th Impression, Allen & Unwin, 1971, Lecture IX Memory, p.161.

（3） B.Russell, *An Outline of Philosophy*, 1st ed., Allen & Unwin, 1927, p.7.

（4） ラッセルの「五分前世界創造説」は、様々な仕方で哲学的想像力を刺激してくれる。比較的最近の日本の著作で言えば、永井均『私・今・そして神』（講談社、二〇〇四年）の第一章が、きわめて興味深い扱い方をしている。

（5） 「通約不可能（incommensurable）」とは、共通の尺度を持たないことである。たとえば（ピタゴラスの場合のように）、自然数および自然数の比という尺度によってははかりえない数（無理数）が直角三角形の斜辺として出現してまう事態が念頭におかれている。

（6） 勝守が大森過去論の批判的検討をする際に依拠しているのは、以下の大森荘蔵の著作である。『物と心』（東京大学出版会、一九七六年）、『流れとよどみ　哲学断章』（産業図書、一九八一年）、野家啓一編『哲学の迷路　大森哲学・批判と応答』（産業図書、一九八四年）、『時間と自我』（青土社、一九九二年）、『時間と存在』（青土社、一九九四年）、『時は流れず』（青土社、一九九六年）、『大森荘蔵著作集』全10巻（岩波書店、一九九八-一九九九年）。

（7） 「想起過去説」とは、勝守も前掲論文一〇八頁で述べているように、「過去存在（存在した）とは、想起されることである」というバークリー的なテーゼを中心とする説である。

（8） 勝守前掲論文、一一五頁-一一六頁。

（9） 勝守前掲論文、一一七頁。

（10） 勝守前掲論文、一一八頁。

（11） 勝守前掲論文、一一九頁。

（12） 「亡霊」という言い方は、大森自身の語を転用する形で使われているが、ジャック・デリダの「幽霊論」も射程に入れられている。勝守前掲論文の注（25）を参照。

（13） 勝守前掲論文の注（22）を参照。事実として一度も想起されることがなかったとしても、可能的には想起されうるといわれるかもしれない。しかし、「そもそも想起することの不可能な過去」というところまで、問題は広がると考えられる。つまり、実際に行われる「想起」だけではなく、可能的な「想起」も含めても、それをも阻却するように、「想起」から離脱して過去存在は働くのではないだろうか。

（14） 想起逸脱過去説においては、過去の出来事の「特異性・単独性（シンギュラリティー）」は、その「記述」と相関的である。つまり、一般的な「記述」に回収されえないものという仕方で、「特異性・単独性（シンギュラリティー）」は与えられ、「記述」に対応しつつもそれを超えたものというポジションを占める。しかし、想起阻却過去説においては、過去の特定の出来事の「特異性・単独性（シンギュラリティー）」ではなく、むしろ過去そのものの「特異性・単独性（シンギュラリティー）」が浮上する。つまり、過去に起こったことの「個別性」や「代替不可能性」ではなく、むしろどんなことが起こったのか（過去の内容）とは無関係に成り立ってしまう、過去というあり方自体（過去X）の「唯一性」や「変更不可能性」が問題となっている。

過去の特定の出来事ではなくて、過去そのものが唯一的であること。これは、そのまま「運命論」のテーマでもある。「運命論」については、本書第九章「運命論から何を読み取るべきか」を参照。ただし、本書第九章は「過去」のあり方からではなく、「現在」のあり方から「運命論」を論じる。

（15）ウィトゲンシュタインは、ラッセルの想定を「無意味」なものとしている。cf. *Wittgenstein's Lectures, 1932–35*, ed. by Alice Ambrose, Blackwell, 1979, pp.25–27 (section22).

（16）この点については、本書第四章「時間と矛盾　マクタガートの「矛盾」を書き換える」も参照。

（17）連続創造説については、以下の引用を参照。「（……）神がいまこの世界を維持している働きは、神が世界を創造したときの働きとまったく同じだということは確実であり（……）」（『方法序説』第五部、谷川多佳子訳、岩波書店）。「（……）どのような事物《もの》であろうとも、それが持続するところの一つ一つの瞬間において維持されるためには、このものがまだ存在していないとした場合に、これを新たに創造するのに必要なのと全く同じ力と活動とが必要である、ということは分明なのであって（……）」（『省察』第三省察、所雄章訳、白水社版『デカルト著作集』［2］）。「われわれが次の時間にも存在するためには、何らかの原因、すなわち、はじめにわれわれを産出した原因が不断にいわばわれわれを再産出している、いいかえれば、保存しているのでなければならない。」（『哲学原理』第一部二一、三輪正・本多英太郎共訳、白水社版『デカルト著作集』［3］）。

ただし、前者のタイプの反復が徹底されて、包含–

逸脱が瞬間ごとに繰り返される想定をするならば、そのつど新たな過去世界が創り出されることになり、結局は後者の連続創造説タイプの反復と同等になるだろう。

(18) 現在を起点として過去の方を捕捉しようとする能動性は、それが働いている限りは終わらない。たとえ、その能動性のベクトルの指向する先が「過去」であろうとも、その指向自体は「現在」である。その能動的な働き自体を完了させて過去のものにする力は、能動性のベクトルの中にはない。すなわち、過去を捉えようとする想起自体が、過去のものになってしまうことは、想起によるのではない。

(19) しかも、それほどに「無」に接近している第三層の過去こそが、想起過去や想起逸脱過去よりも、さらに実在性の度合いを上げた過去に他ならない。「過去」という問題圏においては、「実在性」と「無」とが重なってくる。

第四章

(1) マクタガートの「時間の非実在性」証明については、以下の論文と著書を参照。"The Unreality of Time," *Mind*, 17, 1908, no.68, pp.457–474; *The Nature of Existence*, Cambridge University Press, vol.1,1921／vol.2, 1927. 特に、vol.2, Book V, Ch. XXXIII Time参照。この第三三章内の三〇三—三五一節のうちの三〇三—三三三節は、*The Philosophy of Time*, ed. by Robin Le Poidevin and M. MacBeath, Oxford University Press, 1993, pp.23–34でも読むことができる。

(2) マクタガートの「時間の非実在性」の証明手順については、拙著『時間は実在するか』（講談社、二〇〇二年）の特に第二章・第三章において詳説した。

(3) "The Unreality of Time," *Mind*, 17, 1908, no.68, 第四パラグラフ、第三文。

(4) "The Unreality of Time," *Mind*, 17, 1908, no.68, 第四パラグラフ、第六文。

(5) 本章とは別の観点（ベルクソン的観点やカント的観点）から、A系列とB系列の区別自体を批判した論文として、以下を参照。C. Williams, "A Bergsonian Approach to A- and B-Time," *Philosophy*, 73, no. 285, 1998, pp. 379–393. 久呉高之「時間の持続性「形式としての時間」序説」いわき明星大学『人文学部研究紀要』第五号、一九九二年、一一一—一三二頁。

（6） "The Unreality of Time," *Mind*, 17, 1908, no.68. 第二八パラグラフ.

（7） *The Nature of Existence*, Cambridge University Press, vol.2, 1927,Ch.33, §327; 第二パラグラフ。

（8） *The Nature of Existence*, Cambridge University Press, vol.2, 1927,Ch.33, §328; 第一パラグラフ。

（9） 「短絡・癒着している二重性」と同様の事態に対して、永井均は、次のような秀逸な表現を与えている。「問題の根源は、それ以上遡行しようのない、名づけることさえできない開闢の奇跡が、その開闢の内部で、その内部に存在する一つの存在者として位置づけられ、名づけられることにある」（永井均『私・今・そして神』講談社、二〇〇四年、四二―四三頁）。なお、同書の第二章では、時制やマクタガートの証明が主題的に考察されている。永井のマクタガート論は、本書の観点から言えば、「矛盾の書き換えⅡ」に対応する。

（10） たとえば、ブロードによる「高階の時間次元（further time-dimensions）」の議論参照。C.D.Broad, *Examination of McTaggart's Philosophy*, vol.2, Ch. XXXV Ostensible Temporality, Cambridge at the University Press, 1938 / Thoemmes Press, 2000.

（11） 「変化の基本図式の破綻」と「高階性」は、通底しているはずである。「変化の基本図式」を破綻させる時間変化もまた、当の「変化の基本図式」によって把握されてしまわざるをえないことが、時間特有の変化の「高階性」として現象するという具合に。

（12） A論者としては、G. Schlesinger や Q. Smith を、B論者としては、D.H.Mellor, や L. Nathan Oaklander を始めとして数多くの論者を挙げることが可能だが、ここではあくまで、論争的典型と考えられる「タイプ」のみを念頭におくだけで、十分である。L. Oaklander and Q.Smith ed. *The New Theory of Time*, Yale University Press, 1994.

（13） 拙著『時間は実在するか』（講談社、二〇〇二年）の「推移」についての議論（A特性の「あいだ」・「なる」という推移　二四六―二五二頁）を参照。また、本書第五章「時間の推移と記述の固定　マクタガートの「矛盾」に対する第一の書き換え」も参照。

（14） 三好博之が提示した記述と現象（持続）の「ヒューム＝ベルクソン形式」というアイデアは、記述的固定と時間的変化という問題を考えるために、示唆に富む。三好博之「リフレクションと計算のメタフィジクス」『*Computer Today*』二〇〇二年三月号、サイエンス社、三八―四五頁。三好博之「リフレクションと計算のメタフィジクス(Ⅱ)」『*Computer Today*』二〇〇三年一月号、サイエンス社、五二-五七頁。三好博之「リフレクションからインタラクションへ　計算の哲学への間接的アプローチ」『京都産業大学論集人文科学系列』第三二号、二〇〇四年、七〇-八四頁。また、三好も参照している一ノ瀬正樹『原因と結果の迷宮』（勁草書房、二〇〇一年）は、「因果的超越」や「制度的実在」等、本書にとっても興味深い概念を提出している。

　青山拓央は、「時制的変化は定義可能か　マクタガートの洞察と失敗」（日本科学哲学会編『科学哲学』三七巻二号、五九-七〇頁、二〇〇四年）において、「変化を語る記述自体は決して変化を被らない――、これは自明な事実であるが、しかしこの自明さのなかにわれわれの問題の核心がある。すなわち記述の永続性と、変化の動性の不和である。永続的な記述のなかに時制的表現（たとえばA規定）を導入しても、その時制的表現間の変化が表されることはない」と述べている（六六頁）。これは、本章の観点から言えば、「矛盾の書き換えⅠ」に対応する。また青山は、この「失敗」と時間系列の分離という問題を結びつけている。この点を含めいくつかの論点について、青山のマクタガート論と本章の主張は、親和性を持つ。

(15) 本章では、過去や未来固有の問題は扱っていない。それぞれ固有の問題については、本書第二章の「「未来はない」とはどのようなことか」と本書第三章の「過去の過去性」を参照。

(16) 詳細は、拙著『相対主義の極北』（春秋社、二〇〇一年）の六〇-七一頁を参照。また「無限後退」は、矛盾についての第一の書き換えにおいても、時間変化の「高階性」「汎浸透性」と結びついている。

(17) 植村恒一郎は、複合時制述語に含まれる視点の移動「～から見れば（at a moment of ～）」と、自由に飛び移ることのできない実際の時間経過とを、峻別する方向の議論を行っている（『時間は実在するか』合評会・二〇〇三年五月四日のコメント要旨「「動く今」とそのつどの「とりあえず性」との関係」および、日本科学哲学会第三六回大会シンポジウム「時間のメタフィジクス　マクタガートのパラドックスをめぐって」二〇〇三年一一月一五日における発表要旨「そもそも時間様相は系列化されるのだろうか？　マクタガートのパラドックスによせて」）。この重要な指摘は、本書の観点から言えば、第一の書き換えと第二の書き換えとを、安易に接合してはならないという論点に相当する。ただし植村は、「自由に飛び移ることのできない実際の時間経過」の方を、「動く今」というタームで押さえているが、本章ではむしろ、両者を安易に接合することこそが、「動く今」という表象を生む要因となると考えている。「動く今」という表象に対する批判は、第一章「非時間的な時間　第三の〈今〉」においても行った。

(18)「これ」という表現は、ウィトゲンシュタイン『青色本』六四頁における"this"の使い方を念頭においている。L. Wittgenstein, *The Blue and Brown Books*, Basil Blackwell, 1958.「私」「現在」「これ」には、特定の何かを指示せずに、現実性そのもの（始源かつ全体）を表出しようとする働きがあると私は考えている。

(19) 本章の内容は、もともと、日本科学哲学会第三六回大会シンポジウム「時間のメタフィジクス　マクタガートのパラドックスをめぐって」（二〇〇三年一一月一五日）の発表要旨をもとに、さらに展開したものである。提題者の植村恒一郎氏、中山康雄氏、司会の野矢茂樹氏、および参加者によるコメント・質問・批判が、有益であった。記して感謝したい。なお本章のもとになった論文は、平成十五～十七年度科学研究費補助金・基盤研究（C）(2) 課題番号15520016の研究成果の一部である。

第五章

(1) マクタガートの「時間の非実在性」証明については、以下の論文と著書を参照。"The Unreality of Time," *Mind*, 17, 1908, no.68, pp.457-474; *The Nature of Existence*, Cambridge University Press, vol.1,1921 / vol.2, 1927. 特に、vol.2, Book V, Chapter XXXIII Timeを参照。

(2) E.J. Lowe, "The Indexical Fallacy in McTaggart's Proof of the Unreality of Time," in *Mind*, 96-1, pp.62-70, 1987.

(3) しかし、マクタガート自身がその点を十分に自覚できていないことが、問題を複雑にしている。以下、「時間に本質的な変化」「時間的な変化」「時間の推移」「時間特有の変化」等の表現を、通常の状態変化・性質変化とは区別される「高階の変化」の表現として用いる。この区別については、本書第四章「時間と矛盾　マクタガートの「矛盾」を書き換える」を参照。

(4) ロウ自身もまた、時間に本質的な変化が時制表現を逸脱するという問題に、（前記の議論とは違う道筋によってであるが）直面している。この点については第三節「「時間の流れ」に含まれるマクタガート的な「矛盾」」で詳述する。

（5）拙著『時間は実在するか』（講談社、二〇〇二年）の第四章の考察は、時制的観点と無時制的観点の反転として捉えている点が不適切であった。時制的観点の中にさえ食い入っている「動性（時間の推移）」と「静性（無時間的な固定）」との反転と考えるべきであった。

（6）E.J. Lowe, *op.cit.*, pp.68–70.

（7）E.J. Lowe, *op.cit.*, p.69.

（8）「反復不可能なものの反復」という問題については、拙稿「一回性と反復」、『本』一〇月号（講談社）、一九–二二頁を参照。

（9）中山康雄『時間論の構築』（勁草書房、二〇〇三年）を参照。

（10）中山は、「段階」を導入して形式的表現の整備に力を入れているが、同時に、時間の動性そのものは「語りえないもの」として位置づけている（中山前掲書一四九頁参照）。この点は、極めて重要な指摘である。

（11）中山前掲書、八六頁。

（12）中山前掲書、九四頁。

（13）M. Dummett, "A Defence of McTaggart's Proof of the Unreality of Time," *Philosophical Review*, 69, 1960, pp.497–504; D.H. Mellor, *Real Time II*, Cambridge University Press, 1998.

（14）マクタガート前掲書、*The Nature of Existence* の第三三章、三三九節参照。

（15）青山拓央の「時制的変化は定義可能か——マクタガートの洞察と失敗——」（日本科学哲学会編『科学哲学』三七巻二号、五九–七〇頁、二〇〇四年）を参照。青山は、時間的な変化を表すために、「時制的変化」という表現を使用する。「なる」という表現では、性質変化からのアナロジーが働いてしまうからである。しかし、「時制的変化」という表現もまた、時制逸脱性を取り逃がしてしまう。いずれにしても、時間特有の変化を端的に言い当てる表現はない。

第六章

（1）たとえば以下のような論文を参照。J.W. Meiland, "Concepts of Relative Truth," *Monist*, 60, 1977, pp.568

−582; J. W. Meiland, "Is Protagorean Relativism Self−refuting?" *Grazer Philosophische Studien*, 9, 1979, pp.51−68; J. W. Meiland, "On the Paradox of Cognitive Relativism," *Metaphilosophy*, 11, 1980, pp.115−126, 飯田隆「相対主義における真理と意味」熊本大学文学会発行『文学部論叢』第六号、一九八一年、四一−六二頁、飯田隆「相対主義的真理観と真理述語の相対化」哲学会編『相対主義は克服できるか』哲学雑誌第一一四巻第七八六号、一九九九年、一一二−一二九頁、伊藤春樹「相対主義と真理　自己論駁性の根柢にあるもの」、『東北学院大論集（一般教育）』第九二号、一九八八年、一−三四頁。(pp.191−224).

（2）『テアイテトス　知識について』（田中美知太郎訳）、『プラトン全集二』、岩波書店、一九八六年。

（3）G. Vlastos, *Plato's Protagoras, Introduction to the Libarary of Liberal Arts*, Indianpolis, 1965., J. McDowell, *Plato Theaetus, Translated with Notes*, Pxford Clarendon Press, 1973; M. F. Burnyeat, "Protagoras and Self−Refutation in Plato's Theaetetus," *The Philosophical Review*, LXXXV, 1976, pp. 172−195. などを参照。

（4）J. W. Meiland, "On the Paradox of Cognitive Relativism," *Metaphilosophy*, 11, 1980, pp.115−126.（J・W・メイランド「認識の相対主義のパラドクスについて」（拙訳）『山口大学哲学研究』第六巻、一九九七年、七五−九二頁）。

（5）「私たち」は、「複数の個人」を意味するのではなく、誰でも——任意の「私」——が、占めうる遂行的なポジションを表わす。また「私たち」は、特定のあるいは任意の集合体を表わすのではなく、集合を更新していく含み込みの運動を表わす。拙著『相対主義の極北』春秋社、二〇〇一年、特に第6章、7章、9章参照。

（6）C. Swoyer, "True For," 1982, In M. Krausz, and Meiland, J. W. eds. *Relativism Cognitive and Moral*, University of Notredame Press, pp. 84−108.（J・W・メイランド & M・クラウス編『相対主義の可能性』（常俊宗三郎・戸田省二郎・加茂直樹訳）産業図書、一九八九年、一五二−二〇一頁）のp.101. からの引用。

（7）J・リア（J. Lear）が提示し、B・ストラウド（B. Straud）が批判的に応答した〈**消えゆく「我々」** disappearing 'we'〉という問題がある。J. Lear, "The Disappearing 'We'," *The Aristotelian Society*,

Supplementary Volume LVIII, 1984, pp. 219–242, B. Straud, "The Allure of Idealism," *The Aristotelian Society*, Supplementary Vol. LVIII,1984, pp.243–258.

ここでは、「**消えゆく我々**」と「**反復する私たち**」との違いを略述しておこう。

（a）「**消えゆく我々**」は、いわば世界大に拡大することによって、その示差的な役目を喪失して退場する。そして世界の側がそのまま残存する。一方、「**反復する私たち**」は、外側（メタレベル）と内側（オブジェクトレベル）の両方に「私たち」が登場することを繰り返す、あるいは「私たち」が外側と内側に分割されつづけるという反復である。したがって、けっして「消えてしまう」ことはない。消えゆこうとすることと現われることを繰り返すのであって、「消えてしまう」わけではない。

（b）「**消えゆく我々**」は、世界のありようとぴったり重なってしまうからこそ、もはやその「外」はない。他を排除することによる自閉ではなく、他を吸引し尽くすことによる自閉である。一方、「**反復する私たち**」に、その「外」がないのは、それとは違う仕方によってである。「私たち」は、たしかに「私たちでないもの」（他）を排除して閉じようとすることで、立ち上がる。しかし、「私たち」と「私たちでないもの」（他）のその分割線を引くのも「私たち」であり、さらに、その分割線を引く「私たち」もまた、他と対比されることで閉じようとするが、その分割線を引くのもまた「私たち」である。こうして「私たち」の落差が反復される。「私たち」は、固く閉じているから「外」がないのでも、すべてを包み込んでいるから「外」がないのでもない。「私たち」とは、外と内の境界線を更新し、外と内の落差を繰り返していくことであり、「外のない内」をそのつど更新し続ける。そういう仕方で、「外」がないのである。

（c）「我々」はすべてに浸透してしまうからこそ、背景へと退いて消え去っていき、「世界」の側がそのままそっくり残るというのは、超越論的観念論が経験的実在論でもあるという考え方に相当する。「**消えゆく我々**」とは、超越論的な「我々」であり、その「我々」の心が表象するようになっていること（We are so minded: …のコロン以下）は、そのまま経験的な世界として妥当するもので、両者のあいだにはギャップはない。これが、超越論的な「我々」と経験的な「実在」との関係である。一方、「**反復する私たち**」は、そのような超越論的主観ではなく、レベル差の遂行的産出である。したがって、「**反復する私たち**」と背中合わせに出てくるのは、経験的な実在ではなく、むしろ非経験的な実在（たとえば、飛び越されてしまった実在）である。しかも、超越論的観念論と経験的実在論との重なり関係とは違って、「**反復する私たち**」と「飛び越されてしまった実在」とは、決定的に断絶し続けるという仕方で関係している（無関係の関係とその関係からの無関係）。

（d） 懐疑論との関係においても、両者は異なっている。超越論的な「我々」は、懐疑論論駁の拠点となるが、「**反復する私たち**」は、むしろ消すことが不可能であると懐疑論が考えている「客観的なものと主観的なものとの乖離の可能性」をこそ反復する。「**反復する私たち**」は、懐疑論産出の拠点となる。

まとめるならば、こうなるだろう。「**消えゆく我々**」と「**反復する私たち**」は、両者とも、ある閉じたグループである「われわれ」を表わすのではなく、その外部を持たない唯一的なあり方は共有しているが、それ以上の詳細においては、すなわち（1）消えるか消えないか、（2）どのようにして「外」がないか、（3）実在論や懐疑論との関係などの点で、むしろ逆のあり方をしている。

（8） D. Davidson, "On the Very Idea of a Conceptual Scheme," *Proceedings of the American Philosophical Association*, 47, 1973–74, pp.5–20., reprinted In M. Krausz, and J.W. Meiland eds. *Relativism Cognitive and Moral*, University of Notre Dame Press, 1982, pp.66–80.（J・W・メイランド＆M・クラウス編『相対主義の可能性』常俊宗三郎・戸田省二郎・加茂直樹訳、産業図書、一九八九年一一八－一四五頁）

（9） この時点と次の時点（あるいは前の時点）との「時間差」は、マクタガートのA系列とB系列が分化していないような「時間的な隔たり」として考えられている。それは、特権的な「この時点」（現実的な現在）との前後関係である点ではB系列以上であり、「時間の流れ」「動く今」等の表象が加わっていない点ではA系列未満である。J. M. E. McTaggart, "The Unreality of Time," *Mind*, 17,1908, no.68 pp.457–474, J. M. E. McTaggart, *The Nature of Existence*, Cambridge University Press, 1927, vol.II, Ch. XXXIII. なお、A系列とB系列が別個の系列ではないという論点については本書第四章を、「時間的な隔たり」を現在と過去・未来との「断絶」「無関係」として考えている論点については本書第二章と第三章を参照。

(10)「透明な一致」「可視化された一致」「不一致」については、拙著『相対主義の極北』春秋社、二〇〇一年、一六五–一七〇頁を参照。

(11) 名古屋哲学フォーラム二〇〇一での塩谷賢氏からのコメント（「「私たち」は同じ「私たち」か？」と時間の問題との関連について」）が、「私たち」と「時間差」を考えるにあたって参考になった。記して感謝したい。また、本章の初期バージョンを読んでもらい、コメントをいただいた伊佐敷隆弘氏と上野修氏にも感謝したい。

(12) H. Putnam, *Reason, Truth and History*, Cambridge University Press, 1981.（ヒラリー・パトナム『理性・真理・歴史』野本和幸・中川大・三上勝生・金子洋之訳、法政大学出版局、一九九四年）第一章を参照。また、永井均『翔太と猫のインサイトの夏休み』、ナカニシヤ出版、一九九五年の第一章も参照。

(13) リアリズムの区別については、拙著『相対主義の極北』春秋社、二〇〇一年の「第5章第2節（「相対主義と実在論」）および第9章（「相対主義と実在論の極限における一致」）を参照。

(14) ネーゲルは、「実在」を"what"や"something"という形式語によってしか表現できないものとして扱っている。T. Nagel, *The View from Nowhere*, Oxford University Press, 1986.（Ⅳ Thought and Reality）

(15) 実在の「手前」性、あるいは「飛び越されてしまった実在」について、記述を加えておこう。

1 『相対主義の極北』では、実在論を三段階に分けて捉えた。ソフトな実在論・ハードな実在論・極限的な実在論である。それは、「私たち」というあり方の強度を上げることと、その「私たち」からの「実在」の独立性に対応した三段階である。その三段階に応じて、「実在」は、内容的・実質的な段階から、形式的なものへと希薄化し、さらにその形式さえ蒸発するほどに遠隔化した。したがって、極限的な実在は、落差を反復し続ける「私たち」から、よりいっそう離れた「遠く」へと位置づけられるような様相を呈している。つまり、まるで加圧されていく叙述の先の方に、ようやく極限的な実在が設定されているかのような印象を与える。

2 しかし、この叙述の仕方・印象は、極限的な実在の候補（1）である「絶対的無限」にとってはふさわしいとしても、候補（2）である「私たちの反復の未出現」にとっては、ミスリーディングである。なぜならば、「未出現」とは、「私たち」を加圧していったその「先」にあるのではなく、むしろその加圧の始まる「手前」のはずだからである。極限的な実在の候補（2）は、否定の運動の「彼方」に位置するような実在でなく、そのような運動の始まる「手前」でしかないような実在のはずである。だからこそ、「反復の未出現」は、「あった」後でそれが打ち消される「死」にではなくて、そもそもそういう打ち消しさえ生じていない「未生」になぞらえられたのである（拙著『相対主義の極北』春秋社、二〇〇一年、一七九頁）。「反復の未出現」が位置するはずの「手前」とは、落差の反復によって遂行される「二番目に対する一番目」という関係（先行性）ではなく、その反復遂行という始まりのない（終わりもない）ものが生じてしまう前（以前性）に他ならない。

3　極限的な実在——少なくともその候補（2）である「私たちの反復の未出現」——は、「彼方」に位置するのではなく、そのような「手前」であるという点を強調するならば、ルイス・キャロルのパラドクスにおける「亀の要求の立ち上がり以前」「パラドックスが端的にただ生じていないこと」、そして懐疑論批判の場面での「ウルトラ自然主義」という水準こそが、「手前」のリアリズムの名にふさわしいことになる。

（3―1）ルイス・キャロルのパラドクスで言うならば、私たちがすでに服してしまっている「論理的強制力」——その明示化が立ち上がり続けしかも失敗し続けることによってのみ、明示化以前にすでにその力に服してしまっていることが、遅れて判明するしかない「論理的強制力」——は、「手前」の「実在」である。私たちは、そのようなリアリズムをすでに生きてしまっているはずなのであるが、そうであることは、そのリアリズムの喪失（つまりルイス・キャロルのパラドックスの発生）を通して事後確認することしかできない。そのような意味において、リアリズムの認知は、すでにリアリズムの喪失である。そういう仕方で、「実在」は、私たちの認識からはるか遠くの彼方にあって届かないから「私たち」から独立なのではなく、私たちの認識がつねにそこを通り過ぎてしまっているしかない「手前」であるからこそ、「実在」は「私たち」から独立なのである。

（3―2）懐疑論批判の中でもっとも徹底された水準は、ウルトラ自然主義である。自然主義的な懐疑論批判は、反証や論駁などの議論によってではなく、私たちの生の事実（自然）に訴えて、懐疑論が「遊び駒」であり、そもそも働いていないことを指摘する。自然主義によれば、私たちの自然においては懐疑論は端的に生じないのであり、懐疑論は無視し、忘れてしまえばいい。

しかし、懐疑論を無視することも、懐疑論を忘れることも、懐疑論の後で遅れてやってくるしかない。無視されるもの、忘れ去られるものとしての懐疑論は、たとえ回避されるものとしてではあっても、その自然主義的な批判とともにネガとして残り続けてしまう。つまり、自然主義的な批判は、懐疑論を忘れたことをも忘れてしまう水準には至ることはできない。

それに対して、ウルトラ自然主義の水準は、「懐疑論は端的に生じない」という懐疑論回避さえも、ただ単に生じていない水準である。自然主義の水準では、懐疑論は回避されるものとしては登場するが、ウルトラ自然主義の水準では、そのような仕方でさえ懐疑論は登場しない。懐疑論は忘れられているだけでなく、忘れられているという事実さえもない。そのような水準は、私たちがすでに生きてしまっているはずのごく普通の生に他ならないけれども、そのことにこうして言及してしまっている以上、この「今」の時点はウルトラ自然主義の水準ではありえない。「今現在」においては、ウルトラ自然主義の水準は、自然主義の水準へと不可避的に移行するしかない。懐疑論が、克服されたのでも回避されたのでもなく、ただ単に生じない水準（ウルトラ自然主義）が、手前の「実在」である。私たちはその「実在」というリアルな場にすでにいたはずなのに、今そこにいることができていない。そういう仕方で、「実在」は私たちの今現在の認識から独立なのである。つまり、「実在」は、私たちの反復遂行という、その始まりにも終わりにも立ち会うことのできないものの、さらに「手前」なのである。そこでは、「過去」の実在性ではなく、「実在」の過去性こそが問題なのである。

4　以上のように、極限的な実在の「手前」性を強調するならば、相対主義の極北地点とは、はるか遠くの「果て」のようでありながら、実はもっとも近い足もとでもあることが分かる。「相対主義と実在論の極限における一致」とは、最果ての地において両者が一つになるということではなくて、むしろ、「最果ての地」と「もっとも近い足もと」が、逆向きに見えながら出会ってしまうことだと言った方が正確である。

(16)　L. Carroll, "What the Tortoise Said to Achilles," *Mind*, 4 N.S., 1895, pp.278–80. また、*Mind*, 104

No.416, 1995, pp.691–736 には、アキレス・亀一〇〇周年（Achilles, The Toroise, and 100 Years）と題して特集が組まれており、その特集の冒頭にも、L. Carroll, "What the Tortoise Said to Achilles" は再録されている。

(17) 通常の意味での「過去性」も、実は一様ではない。たとえば、勝守真「想起とそのかなた——大森過去論の批判的読解——」『思想』九二三号、二〇〇一年、一〇五–一二四頁が適確に示しているように、「想起される過去」と「想起のかなたの過去」との差異の反復運動は根源的である（ここにも遂行的な反復が関わっているのは非常に興味ぶかい）。勝守の過去論の検討は、本書第三章を参照。

第七章

(1) 古茂田宏「相対主義と寛容のプロブレマティーク「収斂」の新たなイメージに向けて」、日本哲学会編『哲学』五三号、法政大学出版局、二〇〇二年四月、九〇–一〇四頁。

(2) B. Williams, *Morality: An Introduction to Ethics*, Hapers & Row, 1972, pp.22–26. reprinnted in M. Krausz and J.W. Meiland eds. *Relativism Cognitive and Moral*, University of Notre Dame Press, 1982, p171–174. 引用文は、後者の p.172 よりの引用。

(3) 無関係性の問題については、本書第六章の「相対主義と時間差と無関係」、および、拙稿「無関係という関係」『本』七月号、講談社、二〇〇二年七月、四九–五一頁も参照。

(4) 拙著『相対主義の極北』春秋社、二〇〇一年、第4章参照。「マテリアル（質料）」については、郡司ペギオ–幸夫が、『生きていることの科学』（講談社、二〇〇六年）の中で、「ネオ・マテリアリズム」とでも呼ぶべき魅力的な考え方を展開している。

(5) 古茂田論文は、その注(14)において、前掲拙著『相対主義の極北』におけるメタフィジカルな「私たち」と、R・ローティの「エスノセントリズム」との関係に興味を表明している。それへの応答として、ここでは、R・ローティの「エスノセントリズム」の「**我々**」というあり方と、相対主義の純化の過程で焦点となる**反復する**「**私たち**」というあり方とを、比較しておこう。

ローティの「エスノセントリズム」は、いわゆる「自民族中心主義」や「自文化中心主義」ではない。

それは、普遍的な真理や合理性を立てること（普遍主義・絶対主義）でもなく、複数の真理や合理性の横並び状態（相対主義）に陥るのでもない、第三の考え方を表すローティ独自の用語である。

「我々西洋のリベラルな知識人が受け入れるべき事実は、我々が今いるところから出発するしかないということ、そしてそれは、けっしてまじめに受け取ることのできない数多くの考え方があることを意味するということである」（*Objectivity, Relativism, and Truth: Philosophical Papers Volume I*, p.29）。

「**我々**」についての事実と文法の両方が、この一文には表れている。

ローティは、「**我々**西洋のリベラルな知識人」と述べているが、「**我々**」の原点性（そこから出発するしかないこと）は、「**我々**――」の「――」の部分にまったく依存しない。「**我々**」は、何者であろうとも、「今いるところから出発するしかない」ことに変わりはない。それは、「西洋のリベラルな知識人」という事実とは関係のない、「**我々**」というポジションの文法に属することである。「**我々**――」には対比項（――でない者）があるが、そこから出発するしかない「**我々**」という原点には、対比項（今いるところ以外から出発できる者）はない。「**我々**」が「**我々**」からしか出発できないことは、その意味において、文法的に必然的なことである。

しかし、ローティの「**我々**」は、「――」の部分、すなわち西洋リベラルであるという事実性に、きわめて強く規定されている。すなわち、ローティの「**我々**」とは、リベラルなエスノセントリストのことである。そして、リベラルなエスノセントリストには、二つの構成用件があると考えることができる。それを、（α）所与性（「現在」の要因）と（β）開放性（「未来」の要因）と呼んでおこう。

（α）ローティは、実際に西洋のリベラルな知識人であり、そのスキームでものごとを考えていくしかない。これは、動かしがたい所与性である。そのような所与性を伴ったスキームは、普遍的・絶対的なものではありえないが、また多くのスキームの中の単なる一つにすぎないのでもない。

（β）ローティが内属するリベラルのスキームには、「開放性」が求められる。所与である出発点へも懐疑の目を向け、他の文化との出会いにオープンになって、自由や開放性を増大させていく（「**我々**リベラル」の仲間を増やしていく）。これは、「普遍性」を措定しない「普遍化」の運動である。

（α）と（β）の両要因によって、ローティのエスノセントリズムは構成されている。ローティの「**我々**」には、拡大していく同心円のイメージがある。リベラリズムという所与から出発して、リベラリズムをリベラリズムによって循環的に正当化しながら、リベラリズムを拡張していく。ローティの「**我々**」とは、リベラリズムの自己増殖運動である。当然、この運動は、公的な領域での政治的な実践であって、私的な領域での自己創造とは区別される（cf. *Contingency, Irony, and Solidarity*, ch. 3, note 24.）。

一方、相対主義の純化によって取り出された**反復する「私たち」**は、以上のようなローティの「**我々**」とは、まず次の点で異なっている。

（a）**反復する「私たち」**は、政治的リベラリズムとは関係がない。**反復する「私たち」**は、メタフィジカルなあり方だからである。反復されるのは、「レベル差」である。それは、（先ほどのローティの引用と関連させて言えば）文法のレベルと事実のレベルの落差でもある。つまり、「**私たち**」とは、対比項を持たないレベルと対比項を持つレベルとの分割の遂行そのものである。したがって、「**私たち――**」の「――」の部分は、何であってもよい、いや何でもありうるのでなくてはならない。固有名は、無限に多様な確定記述を持ちうることを通して、その記述のレベルに尽くされない次元（固定指示の水準）を、剰余として成立させる。それと同様に、固有名としての「**私たち**」は、「**私たち――**」という無数の記述を通して、その記述「――」に回収されない「一」なるあり方として反復される。相対主義を純化していくことによって、そのような**メタフィジカルな「私たち」**があぶり出されるというのが、前掲拙著『相対主義の極北』の主張の一つであった。

（b）**反復する「私たち」**は、拡大・増大とは無縁である。たしかに、「**私たち――**」の「――」の領域は、拡張されていくのかもしれない。しかし、「――」がどんなに拡張されようとも、その拡張された「**私たち――**」において、「**私たち**」と「――」とのレベル差が反復されることに何ら変わりはない。ローティの「**我々**」に見られるような、未来志向的な「変化」（普遍化）は、**反復する「私たち」**にはありえない。同じことの繰り返しが、あるだけである。

また、ローティが言う「**我々**」の範囲の拡大は、連帯の感覚を創造することによって進められていく、政治的実践である。一方、**反復する**「**私たち**」は、「私たち」（可視化された一致）と「彼ら」（不一致）との対比に先行してしまう「透明な一致」として反復されると言うとき、そこには、「連帯の感覚」という実質も、「創造」という能動的な行為もまったく関与していない。むしろ、実質ではなく形式的な反復であり、「創造」ではなく「つねにすでにそうなっているしかない」という事実性である。

さらに、これらの差異は、相対主義の捉え方の違いでもある。

（c）ローティが批判の対象とする相対主義は、相対主義のかなり単純なバージョンである。それは、普遍主義（絶対主義）とどこまでも「対」関係にある。普遍主義（絶対主義）は超越的・特権的な視点を肯定し、相対主義はそれを否定する。そして、（否定の対象としてではあっても）「それ」を経由することによって可能になるような「複数のものどもの平等化・平準化」を、相対主義は肯定する。一方、ローティのエスノセントリズムは、普遍主義と相対主義とのこの「対」関係を一挙に退けようとする。その意味では、ローティは、普遍主義者でも相対主義者でもない。

しかし、相対主義は、普遍主義（絶対主義）との単純な「対」関係の中には収まらない仕方で、回帰してくる。つまり、相対化の運動は繰り返される。**反復する**「**私たち**」とは、その相対化の運動のことであった。その観点から見るならば、ローティのリベラルなエスノセントリズムもまた、相対化の運動の一変種である。それは、相対主義の単純なバージョンと相対主義の純化形態との「中間（中途）」に位置する、と言ってもよい。いわば、まだ夾雑物が残る「不純な」段階の相対主義である。夾雑物とは、もちろん、「西洋のリベラルな知識人」という規定性である。**反復する**「**私たち**」は、「西洋のリベラルな知識人」であろうとなかろうと、「**私たち**」という言語ゲームを遂行するかぎり、対を絶するあり方を反復せざるをえない。そして、その外のない絶対的なあり方を遂行すること自体が、偶然的に成立しているものなのである。この段階が、相対主義の純化形態である。

（d）たしかに、ローティの「**我々**」も、『相対主義の極北』における**反復する**「**私たち**」も、偶然的であることに、ポイントがある。その点では、共通している。しかし、ローティの場合は、「**我々**——」の偶然性であり、それは要するに、「――」というあり方の歴史的な偶然性である。一方、**反復する**「**私たち**」は、その意味での偶然性にさらされてはいない。むしろ、それ以外のあり方ではありえないという意味では、必然的なあり方である。しかし、そのような必然的なあり方を反復遂行していることが、偶然的なのである。すなわち、**反復する**「**私たち**」の偶然性とは、必然性の成立自体の偶然性なのである。

　最後に、共通の志向性について述べておこう。

（e）ローティのエスノセントリズムにおける「**我々**」と、前掲拙著『相対主義の極北』における**反復する**「**私たち**」との間に、共通の志向性があるとすれば、それは、（ローティの用語での）「公／私」「政治的／哲学的」の区別にかかわるものだろう。

　ローティの「**我々**」は、政治的なあり方であって、哲学的な問題の外部においてこそ働く。つまり、「**我々**」とは、「公的」な領域に属する。一方、**反復する**「**私たち**」は、メタフィジカルなあり方であって、まったく逆に、哲学的な問題（相対主義の純化）の変容過程においてこそ働く。つまり、**反復する**「**私たち**」は、（ローティ的な意味で）「私的」である。ローティの「公的な領域／私的（個人的）な領域」は、「世俗／非世俗」と言い換えてもいいだろう。ローティの「**我々**」は世俗的であり、**反復する**「**私たち**」は、非世俗的である。

　両者は、正反対の向きにではあるが、「**我々**」問題／「**私たち**」問題の領域を、公的な領域／私的な領域として、それぞれを哲学の問題／政治の問題から、峻別することを志向している。この公／私（政治／哲学、世俗／非世俗）の統合を拒否する姿勢（無関係性を維持する姿勢）は、きわめて重要である。この「統合拒否」の姿勢については、私はローティに共感する。ローティは、三位一体などの宗教的問題を政治と無関係なものとして扱うことと類比的に、自我の本性などの哲学的問題を政治と無関係なものとして扱おうとしている。一方、私は、相対主義に関する哲学的な問題が、政治的な問題とは無関係なものであることを炙り出そうとした。

　その意味で、ローティ的な「**我々**」の問題と、**メタフィジカルな反復する**「**私たち**」の問題とは、同じ志向性を逆向きに持っている。この志向性（異質な領域の無関係性維持）を重要視するならば、二つの問題を統合しようとしたり、一方を他方へ還元したり、混同したりせずに、分離しておくことこそが適切なのである。

（なお、ローティについては、渡辺幹雄『リチャード・ローティ　ポストモダンの魔術師』春秋社、一九九九年から、多くのことを学ばせてもらった。著者への感謝の気持ちとともに、ここに記しておきたい。）

（6）日本哲学会第六一回大会（二〇〇二年五月一八・一九日、於九州大学）における共同討議Ⅱ「相対主義と普遍主義」での議論で、古茂田は、このような理解の仕方を表明していた（と私は解釈した）。

第八章

（1）本章は、拙著『相対主義の極北』（春秋社、二〇〇一年）の第2章「プロタゴラスの人間尺度説」の続編を意図して書かれている。

（2）以下翻訳としては、『プラトン全集2』（岩波書店、一九八六年）所収の『テアイテトス』（田中美知太郎訳）を用い、『テアイテトス　知識について』（渡辺邦夫訳、筑摩書房、二〇〇四年）も参照した。

（3）三嶋輝夫は、人間尺度説の「人間」を、ソクラテス＝プラトンのようには「各個人」とはとらず、類としての「人間」と解釈する方向を提示している。三嶋輝夫『規範と意味　ソクラテスと現代』（東海大学出版会、二〇〇〇年）の第二章「プロタゴラスと価値の相対主義」、三嶋輝夫『汝自身を知れ　古代ギリシアの知恵と人間理解』（ＮＨＫ出版、二〇〇五年）の六一－六三頁を参照。

（4）たとえば、M・F・バーニェットの「背理法による解釈」では、「知識＝感覚・知覚・現れ説」と「人間尺度説」と「万物流転説」が、基本的に同一視されている。M.F. Burnyeat, *The Theaetetus of Plato*, Hackett, 1990 を参照。

（5）この点に関しては、田坂さつき「「知識は感覚である」という定義をめぐって　プラトン『テアイテトス』151d7–160d4の一解釈」『湘南工科大学紀要』第三五巻第一号、二〇〇一年、一一五－一三五頁を参照。

（6）誰のものでもない「現れ」というあり方を理解するためには、永井均『西田幾多郎　〈絶対無〉とは何か』（ＮＨＫ出版、二〇〇六年）における「純粋経験」の説明が参考になる。

（7）タルスキーの真理概念、規約Tのことを念頭においている。A. Tarski, "The Semantic Conception of Truth and the Foundations of Semantics," *Philosophy and Phenomenological Research*, 4, 1944, pp.341–376. また、以下のデイヴィドソンの著作に含まれる諸論文も参照。D. Davidson, *Inquires into Truth and Interpretation*, Oxford University Press, 1984.

(8) ウィトゲンシュタインの「君だって私の個人的な経験というものがあり、またそれには最も重要な意味での隣人というものがないことを否定はすまい」(「個人的経験」および「感覚与件」について」、強調点は引用者)等の発言を念頭においている。つまり、ウィトゲンシュタイン流の独我論的な「隣人のなさ」「隣接項のなさ」である。Wittgenstein's Note for Lectures on "Private Experience" and "Sense Data," *Philosophical Review*, 77, 1968, pp.271–320 を参照。

(9) たとえば、『テアイテトス』第一部の最後で行われている議論がそうである。そこでは、眼や耳などの感覚器官を通じて感覚されるもの(色や音など)と、魂によって把握される諸感覚に共通のもの(ある・異同・美醜など)とが対比されて、その後者のみに「知識」を帰属させる議論が行われている。つまり、「ある」や真を捉えることは、「比較考察推理する」魂のみが行えることであり、単なる感覚(器官)にはそれができない、というわけである。しかし、この二分法は、むしろ問題を隠蔽する。なぜならば、諸感覚を「俯瞰」して、その共通のものを捉えるような魂の働きは、実はすでに「感覚器官を通じて感覚されるもの」すなわち個々の感覚の中にも、あらかじめ働いていなければならないからである。諸感覚を超えて比較考察するのではない。むしろ、一つの感覚(たとえば色の感覚)の中で既に魂(比較考察)が働いているのである。だからこそ、様々な質的な違い等を超えて一つの「共通のもの」——たとえば「色」というカテゴリー——が、成立しうるのである。

(10) この表現は、あくまでもソクラテス的なバイアスがかかったものである。ほんとうは、「つねに真である」とは、「現れ」の事実性・絶対性、すなわち真理以前(の転移)を表現しようとするものでなければならない。そして、そのような「現れ」は、「各人にとって」というあり方をしていない。

(11) G. Vlastos, *Plato's Protagoras, Introduction to the Library of Liberal Arts*, Indianapolis, 1965; J. McDowell, *Plato's Theaetus, Translated with Notes*, Oxford Clarendon Press, 1973; M. F. Burnyeat, "Protagoras and Self-Refutation in Plato's *Theaetetus*," *Philosophical Review*, LXXXV:2, 1976, pp. 172–195.

などを参照。

(12) C. Swoyer, "True For" in M. Krausz and J.W. Meiland, eds. *Relativism Cognitive and Moral,* University of Nortredame Press, 1982, pp.84–108. 特にその「弱い意味での相対主義」を参照。「意味」の同一性の問題、さらに「無意味」の問題に関しては、次の論考を参照。金子善彦「相対主義は自己論駁的か?――『テアイテトス』のプロタゴラス批判を手がかりとして」『中部哲学会紀要』第二九号、一-二〇頁、一九九七年参照。金子論文では、相対主義は、自己論駁的ではないが、自己を無意味化するものと結論づけられている。

(13) 端的に「Pである」ことからの派生的・二次的なものとして「……にとってPである」を捉えるのではなく、「……にとってPである」の方を原始概念として、「Pである」ことの方をそこから派生するものとして捉える試みについては、次を参照。J. W. Meiland, "Concepts of Relative Truth," *Monist*, 60, pp.568–582, 1977.

(14) この「私たち」のあり方に関しては、拙著『相対主義の極北』(春秋社、二〇〇一年)の特に第6章、第9章において詳しく論じた。また、本書の第六章と第七章においても詳しく論じた。言語ゲームについては、拙者『ウィトゲンシュタイン「私」は消去できるか』(NHK出版、二〇〇六年)の特に第三章を参照。

(15) 未来に関しては、本書の第二章を、過去に関しては、本書の第三章を参照。また、拙著『時間は実在するか』(講談社、二〇〇二年)の第五章も参照。

(16) 道元『正法眼蔵』「現成公案」(講談社学術文庫版『正法眼蔵』(1)、増谷文雄訳注、二〇〇四年)を参照。

【追記】 第九回ギリシャ哲学セミナー(二〇〇五年九月一〇日・一一日、於東洋大学)にて、本章のもとになっている発表原稿「プロタゴラス説の可能性」に対し、多くの方々から有益な質問・批判・コメントをいただいた。記して感謝したい。(そのうちの若干の質問・批判・コメントに対してのみになってしまうが)以下のような応答・補足を試みておきたい。

本章の前半で質問・批判がもっとも集中したのは、「現れの中間性」についてであった。入不二は、「自体性」と「各自性」のあいだに「現れ」を位置づけるが、そのような「中間性」などは独立には(別個には)ありえないのではないか。また、中間項としての「現れ」にはまだ「……にとって」は登場しないというが、誰かに対して現れているのではないような「現れ」など、ありえないのではないか。そのような疑問である。

「中間性」「中間項」とはいっても、「独立の三者を並べておいて、その真ん中」という静的な位置づけではないことに注意したい。まず、「現れ」が「自体性」を内に含んでいる（「現れ」が自体的な様相を伴っている）場合と、「現れ」が「各自性」と結びついている（「現れ」が各人へと分配され自体性を失っている）場合の両方がある。つまり、「現れ」には、前者のような「源初的な現れ」の場面と、後者のような「各自へと複数化されている二次的な現れ」の場面の二つがある。前者が全体としての「現れ」であり、後者が局所化した「現れ」である。「現れ」とはそのような全体と局所の両方向性を持っていること、そして両方向のあいだには「全体の局所化」「局所の全体化」という運動があること。「現れの中間性」とは、そのようなダイナミクスの一断面に他ならない。

さらに正確に言えば、①（「現れ」から独立の、すなわち真理以前の）端的な事実の次元―②自体的な真理の「現れ」の次元―③各自に相対的な真理の「現れ」の次元という三者関係の中において、「現れ」は力動的に働く。つまり、②の「現れ」は、①を指し示す方向のベクトルと③へと引き下げられる方向のベクトルとの拮抗地点にある。「現れの中間性」とは、そのような動的な中間性を表すものである。

したがって、「現れ」には、「……にとって」という各自性が付くのか付かないのかという二者択一の問題にはならない。むしろ、各自性が付く、あるいは各自性が付かない（自体的である）は、「現れ」が力動的に取る二つの様相なのである。そして、その二様相あいだの落差こそが、（「現れ」から独立の、すなわち真理以前の）端的な事実の次元をも、かろうじて指し示すのである。

また、入不二が述べる、第一段階の相対性（真理の源初的な相対性）や最終段階の相対性（「私たち」という絶対域の相対性）は、通常の（複数のものの関係において成立する）「相対性」ではないのではないか、という質問もあった。

たしかに、私の意図は、複数的なもの（関係的なもの）の相対性のさらに奥底に、唯一的なもの（外部のないもの）の相対性を見ることにある。その意味において、それは通常の（いわゆる）相対性とは異なっている。相対性を、同じ水準にある他のものとの関係としてではなく、絶対性の喪失・頓挫として捉えている。

ただし、唯一的なもの（外部のないもの）の相対化は、時間的な他者（絶対的に古い過去や先取りし得ない未来）と関係していることに注目しておきたい。つまり、通常の意味での外部や他者がありえないもの（「現れ」や「私たち」）であっても、時間の観点が入ってくることによって外部・他者に晒されることになるということである。

それでは、絶対的であるはずの「現れ」や「私たち」の外部は、いかにして知られうるのか。あるいは、そのような絶対的なものの相対性など、そもそも語りうるのか。そのような、大きな質問も提示された。

このような問い方では、外部・他者が無限に遠いものである側面のみが強調されることになり、そういうもの（無限に遠いもの）として、はじめから外部・他者は「現れ」や「私たち」のダイナミクスに織り込まれているという側面が看過されがちになる。絶対的なものが転移し続けることと相対化がいくつものレベルで繰り返されることとは、別のことではなくて一つのことなのである。絶対性と相対性のそのような反復に現に巻き込まれているということが、外部・他者に晒されていることそのものであって、それとは別に外部・他者が控えているわけではない。「いかにして」「そもそも」と改めて問うことが困難なのは、外部・他者が「無限に遠い」からではなくて、むしろ「（無限に遠いものとしてではあっても）はじめから既にあまりに間近で作動してしまっているから」であると思われる。

第九章

（1）アリストテレス『命題論』第九章（『アリストテレス全集』第一巻、岩波書店、一九七一年所収の山本光雄訳）を参照。

（2）第一の種類としては、R. Taylor, *Metaphysics* (First Edition), 1963, Ch. FIVE, Fate を参照。なお、その中心となる「論証」は、同著者の"Fatalism," *Philosophical Review*, 71, 1962, pp.56–66 に修正を加えたものである。第二の種類としては、R. Taylor, *Metaphysics* (Fourth Edition), 1992, Ch. SIX, Fate を参照。なお同書は、一九七四年に第二版、一九八三年に第三版が出ている。第一版のみ日本語訳がある（『哲学の世界3　哲学入門』吉田夏彦訳、培風館、一九六八年）。

（3）「□（PならばP）」でも「Pならば□P」でもな

く、むしろ「@Pならば□P」である（「@」は現実性の記号）。しかし、現実性を記号表記することができるか否か、できるとしてもそれがどのような体系的な差異をもたらしうるか等は、問題である。

（4） 同質化しない方向での未来論・過去論については、本書第二章「「未来はない」とはどのようなことか」、および本書第三章「過去の過去性」を参照。時制移動の原理を放棄して、過去・現在・未来の非等質性・非対称性を強調する方向は、「現在」の特殊性・特権性を際立たせることになる。その方向はその方向で、本章が目指している「形而上学的な運命論」の「全一性」「強い必然性」へと至ると考える。つまり、過去・現在・未来を等質化して扱おうと、非等質化して扱おうと、異なるルートを通って、「形而上学的な運命論」へと接近する。この点は、青山学院大学文学部『紀要』第49号（二〇〇七年度）で、論じる予定である。

（5） 「スクリーン上の映像」と「コマ画像」を対比したウィトゲンシュタインの比喩を参照。「直接経験の諸事実をスクリーンに映っている映像と比べ、物理学の諸事実をフィルムの帯上のコマ画像と比べてみるならば、フィルムの帯上には、現在の像や過去や未来の像が並んで存在する。しかし、スクリーン上には現在のみが存在する」（L. Wittgenstein, *Philosophical Remarks*, V51, University of Chicago Press, 1980）。

（6） 「動く今」という表象の誤りに関しては、本書第一章「非時間的な時間　第三の〈今〉」と本書第四章「時間と矛盾　マクタガートの「矛盾」を書き換える」も参照。

（7） 「全体と部分」の問題については、本書第七章「プロタゴラス説のあるべき姿」も参照。

（8） A／Bの区別が、すでにA自体の中に食い込んでいるという事態については、マクタガートのA系列／B系列の区別に即して、本書第四章で論じた。本書序章および以下の拙著も参照。『時間は実在するか』（講談社、二〇〇二年）。

（9） 註（2）を参照。第一版での「海戦命令」の話が、第二版以降では「オズモの物語」の話へと改訂されている。さらに第四版では、図書館で見いだされる本の名前について、『神によって授けられたものとしての、オズモの生涯』から、神への言及（「神によって授けられたものとしての」という部分）を削除すべきことが記されている。

（10） たとえば、「Aを行うこと」と「Aを行う能力があること」との区別を無視する誤りをテイラーの議論はおかしている、という批判である。そのような批判を述べたものとして、B. Aune, “Fatalism and Professor Taylor,” *Philosophical Review*, 71, no.4, pp.512–519 がある。しかし、その批判は、R. Sarvy, “Tautology and Fatalism,” *Journal of Philosophy*, Vol.61, no.10, pp.293–295 も指摘するように、論点先取であろう（運命論者は、「Aを行うこと」と「Aを行う能力があること」は同じであるという主張を導いているのだから）。Sarvy 自身は、この区別を無くすことによって、運命論の主張はトリヴィアルなトートロジーにすぎなくなるという批判を行う。私自身は、Sarvy の批判も、「唯一」と「二つ」と「空白」が絡み合って働いている排中律のあり方を考慮するならば、成立しないと考える。

(11)　排中律についての考察に関しては、植村恒一郎の論考と植村との議論から大きな示唆を得ている。植村恒一郎「刹那滅と排中律　山口瑞鳳博士の論考を手掛かりに」『思想』岩波書店、九六六号、一〇号、二〇〇四年、四三–六二頁。メーリングリストでの植村との議論によれば、私の方が、「ベタ」の様相こそが現実で、「空白」の様相は論理・言語による仮想（擬似）と考えているのに対して、植村の方は、排中律に「あたかもベタであるように見せる（擬似ベタ）」という機能を読み取っている（つまり本当は「ベタ」が現実化するわけではないと考えている）。この対比を含めた排中律についてのさらなる考察は、今後の課題として残る。

(12)　註（2）と註（9）を参照。

(13)　九鬼周造は、『偶然性の問題』（岩波書店、一九三五年）において、シェリングに依拠しつつ「最古の原始偶然（der älteste Urzufall）」について述べている。九鬼は、原始偶然と絶対的形而上学的必然とが同一のものであり、一者の両面にすぎないとする。この点では、本章の「強い必然性＝原始偶然」という主張と親和的である。しかし、九鬼の場合、因果系列を無限に遡ることによって、理念として得られる概念だとされている。この点では、本章の「原始偶然」の扱い方とは異なっている。すなわち、本章の「原始偶然」は、(1) 因果的系列内で考えられるのではなく、単項的・全一的であり、(2) 理念的なものではなく、現実性そのものである。

(14)　たとえば、Mark H. Bernstein, *Fatalism*, University of Nebraska Press, 1992, は論理的な運命論と形而上学的な運命論を区別する際に、過去の持つ必然

性が論理的な必然性には還元できないという点を強調している。また、運命論批判を独自の過去論・未来論へとつなげている論考として、野矢茂樹「宿命論について」、『科学哲学』（日本科学哲学会編）37－2、二〇〇四年、四七－五八頁を参照。

(15) 本章のもとになった論文の作成過程で、伊佐敷隆弘・上野修両氏と議論を行い、有益なコメントをいただいた。両氏の運命論関連の論考としては、以下を参照。伊佐敷隆弘「テイラーの運命論について」、『宮崎大学教育文化学部紀要人文科学』No.16（16）、二〇〇七年三月、四五－六六頁。上野修「現実性と必然性――スピノザを様相的観点から読み直す」、『哲学』（法政大学出版局）No.57、二〇〇六年四月、七七－九二頁。

あとがき

本書の第一章から第九章は、以下の論考に加筆修正を施すことによって作成された。

・第一章　非時間的な時間――第三の〈今〉――、『時間と時』（学会出版センター、二〇〇二年）、一八七－二〇一頁。
・第二章「未来はない」とはどのようなことか、『西日本哲学年報』第11号（西日本哲学会編、二〇〇三年）、一〇九－一二三頁。
・第三章　過去の過去性、『思想』九七四号（岩波書店、二〇〇五年）、六五－八〇頁。
・第四章　時間と矛盾――マクタガートの「矛盾」を書き換える――、『思想』九六六号（岩波書店、二〇〇四年）、二二一－四二頁。
・第五章　時間の推移と記述の固定――マクタガートの「矛盾」に対する第一の書き換え――、『科学哲学』第37巻2号（日本科学哲学会編、二〇〇四年）、一－一五頁。
・第六章　相対主義と時間差と無関係、『哲學』第53号（日本哲学会編、二〇〇二年）、七五－八九頁。

・第七章　「寛容／不寛容の悪循環」とそれからの「脱出の方途」について――古茂田宏氏の「相対主義と寛容のプロブレマティーク――「収斂」の新たなイメージに向けて」を検討する、『山口大学哲学研究』第11巻（山口大学哲学研究会編、二〇〇二年）、一－二二頁。
・第八章　プロタゴラス説のあるべき姿、『ギリシャ哲学セミナー論集』Vol. III（ギリシャ哲学セミナー編、二〇〇六年）、一五－三〇頁。
・第九章　運命論から何を読み取るべきか、『西日本哲学年報』第14号（西日本哲学会編、二〇〇六年）、一二九－一五一頁。

*

本書の編集を担当していただいた徳田慎一郎さんから、初めて封書のお手紙をいただいたのは、『相対主義の極北』（春秋社、二〇〇一年）を公刊した直後だった。とても「熱い」感想を、一読者として伝えてくれて、励まされたのをよく覚えている。その時に交わした約束を、本書の執筆によって果たしたことになると思う。哲学の専門書を出版することがなかなか難しい状況にもかかわらず、本書を誕生へと導いてくれた徳田さんに、感謝します。

二〇〇七年七月

入不二　基義

人名索引

ふ

へ

ま

み

め

ら

り

ろ

わ

事項索引

い

う

え

お

か

き

く

け

こ

す

せ

そ

と

な

に

の

は

ひ

ふ

へ

著者略歴

1958年11月11日生まれ．東京大学大学院人文科学研究科博士課程満期退学．青山学院大学教授．『相対主義の極北』（春秋社，2001年），『時間は実在するか』（講談社，2002年），『ウィトゲンシュタイン　「私」は消去できるか』（ＮＨＫ出版，2006年），『あるようにあり，なるようになる　運命論の哲学』（講談社，2015年）ほか．

時間と絶対と相対と
運命論から何を読み取るべきか　　双書エニグマ⑭

2007年９月25日　第１版第１刷発行
2020年５月20日　第１版第２刷発行

著　者　入《いり》不《ふ》二《じ》　基《もと》　義《よし》

発行者　井　村　寿　人

発行所　株式会社　勁《けい》　草《そう》　書　房

112-0005　東京都文京区水道2-1-1　振替　00150-2-175253
（編集）電話　03-3815-5277／FAX　03-3814-6968
（営業）電話　03-3814-6861／FAX　03-3814-6854
本文組版　プログレス・理想社・松岳社

ISBN978-4-326-19917-4　　Printed in Japan

http://www.keisoshobo.co.jp

奥野満里子　シジウィックと現代功利主義　A5判　四八〇〇円　★98150-2

瀬戸一夫　時間の民族史　教会改革とノルマン征服の神学　A5判　五〇〇〇円　★9819-3

中山康雄　時間論の構築　四六判　二八〇〇円　15367-1

植村恒一郎　時間の本性　四六判　二七〇〇円　15359-6

中金聡　政治の生理学　必要悪のアートと論理　四六判　三九〇〇円　★98069-7

飯野勝己　言語行為と発話解釈　コミュニケーションの哲学に向けて　A5判　四七〇〇円　10173-3

＊表示価格は二〇二〇年五月現在。消費税は含まれておりません。
＊ＩＳＢＮコードは一三桁表示です。
＊★印はオンデマンド出版です。

勁草書房刊